I0418203

بسم الله الرحمن الرحيم

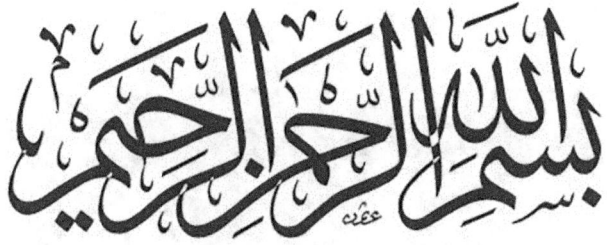

العِبراني* الذي
صار أباً لشعوب الأرض

دراسة موسعة في حياة إبراهيم الخليل وسيرته

أحمد أبو سارة

* دعي إبراهيم "عبرانيًا" " أَبْرَامَ الْعِبْرَانِيَّ" (تكوين: 14:13) لأنه عبر الأنهار في مسيرته وخاصة لنهر الأردن كما نسب البعض تسميته إلى أحد أجداده (عابر بن سام بن نوح) (تكوين: 11:14) (تكوين: 10:21).

الطبعة الاولى

ISBN 979-8-98-671930-6

جدول المحتويات

المقـــدمة

بسم الله الرحمن الرحيم ، والحمد لله ربّ العالمين ، والصلاة والسلام على خير خلقه محمّد وآله الطيّبين الطاهرين ، وصحبه المنتَجَبين، والحمد لله الذي أنعم عليّ بالرغبة في طلب العلم ، ووفّقني بفضله على نشره.

وبعد ، فإنّ الذي شجّعني على تأليف هذا الكتاب هو أنَّ أحد المصلّين في المسجد سألني عن تسلسل أسماء رُسل الله وأنبيائه الذين ورد ذكرهم في القرآن الكريم. فاستعنت بكتاب (النور المبين في قصص الانبياء والمرسلين) للسيد نعمة الله الجزائري ، وكتبت القائمة بأسمائهم .

ثم تصفّحت قصص الأنبياء في الكتاب ومن بينها قصة إبراهيم عليه السلام . ووافق أنّي كنت أطالع في تلك الايام ، في مصدر آخر ، عن تاريخ نشأة الوثنيّة. فتولّدت عندي فكرة أن أكتب مقالةً شاملة لسيرة حياة خليل الرحمن عليه السلام ، وحادثة تحطيم الأصنام ، لألقيها في أمسية الجمعة في المسجد.

وعندما بحثت في (القرآن الكريم) و(التوراة) عن إبراهيم عليه السلام ، لاحظت مفارقات كثيرة بين الكتابين في عرض قصته. وعندما بدأتُ بكتابة التفاصيل، لاحظت أنَّ بعض الاختبارات الإلهية ذُكرت في القرآن الكريم ولم تُذكر في التوراة ، ومنها: تحطيم أصنام المعبد ورميه في النار ، وبعضها ذُكرت في التوراة ولم تُذكر في القرآن الكريم ، ومنها: اختطاف سارة من قبل (فرعون) مرّة، ومن قبل الملك (أبيمالك) مرّةً أخرى، والهجرة الى مصر ، وإنقاذ لوط من الأسر ، ورؤيا إبراهيم عليه السلام في نفي نسله واضطهادهم ، كما إنَّ تفاصيل ولادة إبراهيم الخليل عليه السلام ، وطفولته ، ونشأته ، و وفاته لم تذكر في أيّ من الكتابين ، ممّا دفعني إلى الاستعانة بمصادر أخرى.

وكلّما تعمّقت في البحث عن سيرته ومنجزاته وشخصيته ، ازدادت رغبتي في التعرّف على أسرار جرأة وشجاعة هذا المجاهد البطل ، وكيف أنه وصل إلى مستواه الرفيع في إيمانه وتوحيده ، خاصة في طفولته ، التي تختلف عن الشائع في مرحلة طفولة الآخرين.

ومع توسّع البحث ، تطوّر الغرض في الكتابة من خطبة قصيرة لأُمسية الجمعة إلى كتاب غنيّ بأسرار هذا الشيخ الوقور، والإنسان الربّانيّ الفذّ الذي اتّخذه الله تعالى خليلاً ، ومنحه وسام الإمامة الكبير ، وامتيازاتٍ عظيمةً أُخرى ، ففكّرت ان أشارككم بحثي، متمنياً لكم الالهام الروحيّ للاستفادة منه ، والله ولي التوفيق.

جديرٌ بالتنويه، أنَّ هذا الكتاب ينقل أحداث ووقائع تاريخية تخصّ شخصية خليل الرحمن عليه السلام ، كما وردت في التوراة والقرآن دون إبداء رأي خاص فيها، ما عدا بعض التعليقات والأسئلة لربط المواضيع بعضها ببعض. كما أنه ليس الغرض من تأليفه تفسير النصوص وذكر آراء المفسرين المتنوّعة.

فمثلاً: القرآنُ الكريم لم يذكر اسمَ الذبيح ، الاّ أنّ اعتقاد بعض المفسّرين المسلمين أنّ الذبيح هو إسماعيل عليه السلام ، بينما يؤمن اليهود أنّ الذبيح هو إسحاق عليه السلام ، كما نصَّ على ذلك كتاب التوراة، فالتعليق على أي القولين هو الاصح؟ يقع خارج نطاق الغرض من تأليف هذا الكتاب، وإنما اكتفيت بنقل ما ورد في الكتابين المقدسين.

كما فُصِّلت بعضُ أوجه سيرة إبراهيم عليه السلام بإسهاب في التوراة، وبعضها الآخر في القرآن الكريم، وقد دونتُ الوقائع في هذا الكتاب كما وردت في التوراة والقرآن جنباً الى جنب بُغيةَ المقارنة، وبإسهاب أو باختصار كما وردت في الكتابين.

لقد ورد اسم إبراهيم عليه السلام في واحدٍ وسبعينَ موضعاً من القرآن الكريم توزّعت بين خمسٍ وعشرين سورة، ووردت سيرة إبراهيم عليه السلام في أربعمائة آية، تضمنت خمسة عشر إصحاحاً في (سفر التكوين)، أي ما يقارب ثلث إصحاحات سفر التكوين البالغة خمسين إصحاحاً، وسُردت في ست عشرة صفحة، أو ربع سفر التكوين المؤلف من ثلاث وستين صفحة.

يعتبر بنو إسرائيل إبراهيم عليه السلام شخصيّة محوريّة في تاريخ حياتهم، فهو جدّهم لآبائهم إسحاق ويعقوب عليهما السلام، وهو موضع الاختبارات والوعود الإلهية، ولا تخلو أيٌّ من طقوسهم العبادية اليومية من ذكر إبراهيم عليه السلام وتبجيله.

المؤلف

2019/10/15

إبراهيم الخليل في التوراة والقرآن الكريم

من هو إبراهيم عليه السلام ؟

هو (أبرام بن تارح) كما ذُكر في التوراة «**وَلَدَ تَارَحُ أَبْرَامَ وَنَاحُورَ وَهَارَانَ**»،[1] وورد في القرآن الكريم أنَّ اسمه إبراهيم ، واسم أبيه «آزر» ﴿ **وَإِذْ قَالَ إِبْرَاهِيمُ لِأَبِيهِ آزَرَ** ﴾.[2] ويضيف المسلمون عبارة «عليه السلام» بعد اسمه كباقي الأنبياء والرسل توقيراً لهم.

كان «آزر» منجّماً للملك «نمرود» ، وصاحب أمره ، ووزيره، وعابداً للأوثان ، فهل يجوز أن يكون عابد الأوثان والداً للنبي إبراهيم عليه السلام ؟! ألا يكون للتربية والوراثة من هذا الوالد تأثير سيء في أبنائه؟!

يرى بعض المفسّرين المسلمين أنَّ «آزر» هو والد إبراهيم بلا جدل، أمّا بعضهم الآخر فيرى أنّه جَدّه، أو أنّه عمّه ، وأنَّ اسم أبيه «تارح»، ولكلّ فريقٍ قرائن ودلائل يستندون عليها.

وسواءٌ أكانَ «آزر» أبوه أو عمّه أو جَدّه، فهو عابدُ أوثانٍ ، كما نصّ القرآن الكريم على ذلك ﴿ **وَإِذْ قَالَ إِبْرَاهِيمُ لِأَبِيهِ آزَرَ أَتَتَّخِذُ أَصْنَاماً آلِهَةً إِنِّي أَرَاكَ وَقَوْمَكَ فِي ضَلَالٍ مُّبِينٍ** ﴾،[3] وإن كان «تارح» هو أباه ، حسبما جاء في التوراة ، فالمؤرّخون اليهود يذكرون انه لم يكن عابداً للأوثان فحسب،

(1) سفر التكوين، 11:27.
(2) الانعام، 74.
(3) الانعام، 74. تتمة الآية السابقة.

بل كان يصنعها بيديه ، ويبيعها لقومه ليعبدوها ، ولهذا فإنَّه كان يُعتبر عاملاً مهمّاً في ترويج الشرك ، وبسبب حرفته وقربه من الملك فإنّ «تارح» قد أضفى على الأسرة مكاناً متميزاً في المجتمع الوثني.

عاش إبراهيم عليه السلام في (أور) الكلدانيين ، جنوب مملكة بابل ، كما كانت تُسمّى آنذاك ، أو في جنوب العراق اليوم التي كان (نمرود) ملكها بل ويرى نفسه الربّ الأعلى.

وكان اسم إبراهيم عليه السلام حينئذٍ (أبرام) ، وبعد أن دخل مع الله تعالى في عهد ربّانيّ غيّر الله اسمه إلى إبراهيم ، كما غيّر تعالى اسم زوجته من (ساراي) إلى (سارة)، كما سنبيّن تفاصيل ذلك في عهد الختان – الاختبار السابع ، الصفحة 85. تزوّج إبرهيم عليه السلام ساراي عليها السلام قبيل هجرته الى ارض كنعان، وكانت تصغره بعشر سنوات، لكنها كانت توازيه في التقوى.

لقد ابتُلي إبراهيم عليه السلام بفتن عظيمة في نشأته: أب وثني تبرّأ منه، وأرض كُفْر ولد فيها فخرج منها ، وقوم كافرون نشأ بينهم هجروه وهجرهم ، وزوجته الاولى (سارة) كانت عاقراً ، وأمّا زوجته الثانية (هاجر) عليها السلام وابنه منها إسماعيل عليه السلام الذي أتى بعد انتظار طويل، فقد أبعدهما إلى وادٍ غير ذي زرع؛ لأمر يريده الله تعالى ، ثم جاءه وحياً في الرؤيا في ذبح ابنه، ولم يتردّد في تنفيذ أمر الله تعالى. وبعد نجاح إبراهيم عليه السلام في الاختبارات الإلهية العسيرة ، اتخذه الله خليلاً له ، وجعله إماماً للناس.

دافع إبراهيم عن معتقداته التوحيدية بعزم وبسالة، ووقف بوجه ملك زمانه وقومه بجدارة عالية في سبيل تحقيقها ، ولمّا لم يُفلح في إقناعهم بعدم الفائدة من عبادة الاوثان ، أقدمَ على خطوة جريئة ، فحطّم أصنامهم، فحكموا عليه بجريمة انتهاك حرمة آلهتهم ، ودين مملكتهم ، فرموه في النار ، لكنه خرج منها سالماً.

لم يكن إبراهيم عليه السلام مقيماً في مؤسسة دينية ، أو طالبَ علم في كلية علمانية ، بل كان رجلاً مجاهداً في سبيل الله ، موحّداً ، يتجول بين الناس ويدعو إلى عبادة الله الواحد الأحد ، ونبذ عبادة الاصنام ، حسبما تُملي عليه

فطرته ومنطقه ، وقد حقّق انجازات باهرة ، فترك بيت أهله وعشيرته ووطنه في شيخوخته ، عندما كان عمره خمساً وسبعين سنة ، وسار نحو الغرب إلى جهة مجهولة ، بصحبة زوجته سارة ، وابن أخيه لوط ، وكان الله سبحانه وتعالى مرشدهم في المسير ، حتى وصلوا إلى أرض كنعان التي كان يعبُد سكانُها الأصنام ، والتي يمقتها إبراهيم عليه السلام ويسفهها، وهجر أهله ، وعشيرته ، ووطنه ، بسببها ، إلاّ أنّه رفع كفاحه إلى مستوى أعلى ، حيث استطاع ان يعقد موثقاً دائماً مع الله سبحانه وتعالى لنصرة دين الله ، وتضمّن فوائد لإبراهيم عليه السلام ، وكان الختان علامة العهد بينهما.

وعندما بلغ إبراهيم عليه السلام من العمر ستاً وثمانين عاماً رزقه الله إسماعيل عليه السلام من (هاجر)، وعندما بلغ المائة رزقه إسحاق عليه السلام من (سارة)، وفي عمر مائة وسبعة وثلاثين تزوّج (قطورة) وانجبت له ستة أولاد.

خاض إبراهيم عليه السلام مع اتباعه القليلين في كنعان حرباً ضدّ ملوك المنطقة وجيوشهم الجرّارة؛ ليطلق سراح ابن أخيه لوط عليه السلام من الأسر ويسترجع ممتلكاته المغصوبة ، وخرج منها منتصراً.

إبراهيم الأول في العديد من الرُتَب:

إبراهيم عليه السلام هو أوّل من رفع قواعد أول بيت للعبادة لله في الارض ، وهو بيت الله الحرام في مكة المكرّمة، وكان إسماعيل عليه السلام تبعاً ومساعداً له في ذلك. وكان إبراهيم عليه السلام أول مَن عَبَدَ الله تعالى في ذلك البيت ، وهو أول مَن عُهد إليه بدعوة الناس لحجّ البيت ، وهو أول مَن عُهد إليه تطهير البيت . يزهو مقام إبراهيم جنب الكعبة ، وهو المقام الوحيد الذي استمر بقاؤه لنبيٍ ، وسيبقى خالداً في بيت الله الحرام بإذنه تعالى.

وكان دعاء إبراهيم عليه السلام أولَ دعاء في هذا الوادي القاحل غير ذي الزرع ، حين ترك زوجته هاجر وابنه إسماعيل عليهما السلام في تلك البقعة الوعرة القفراء من الأرض.

وإبراهيم عليه السلام هو أول مَن دعا الله تعالى أن يجعل ذلك البلد آمناً ، ويجعل افئدةً من الناس تهوي إليه ، ويرزق أهله من الثمرات ، فنمت مكّةُ واتّسعت ، وكانت أول قرية تقوم على التجارة ولا تعتمد على الزراعة.

وملّة إبراهيم عليه السلام (دينه وشريعته) هي أوّل ملّة (واسعة الانتشار طويلة المدى) كانت على زمانه واستمرت حتى عهد النبي محمد صلى الله عليه وآله وصحبه وسلم.

وإبراهيم عليه السلام هو أوّلُ من وصّى أبناءه بألاّ يموتوا إلا وهم مسلمون ، واقتدى أحفاده في الوصية، حيث كان يوصي بها السلفُ الخلف.

وإبراهيم عليه السلام هو أوّل مَن أقام الحجّة على مدعٍ للألُوهية وأخرسه، ألا وهو (نمرود) ، وحجّته صالحة للردّ على أي مدعٍ للألوهية في أيّ زمانٍ ومكانٍ.

وإبراهيم عليه السلام هو أوّل من رأى كيف يحيي الله الموتى، في تجربة تقطيع أوصال الطيور وخلطها وتوزيعها في عدة اماكن ودعوتها لتأتيه سعيا.

وآل إبراهيم سلام الله عليهم هم أوّل من فضّلهم الله عزّ وجلّ على العالمين بالنبوة وآتاهم الكتاب والحكمة.

وهو وامرأته سارة عليهما السلام أول من خاطبهما القرآن الكريم بلقب "أهل البيت" ﴿**قَالُواْ أَتَعْجَبِينَ مِنْ أَمْرِ اللهِ رَحْمَتُ اللهِ وَبَرَكَاتُهُ عَلَيْكُمْ أَهْلَ الْبَيْتِ إِنَّهُ حَمِيدٌ مَّجِيدٌ**﴾،[4] وأسبغ عليهما رحمته وبركاته ، وجعل في ذريتهما النبوة والكتاب.

هو خليل الرحمن، أبو الانبياء ، زارع بذرة شجرة النبوة ، التي تفرّعت منها الأغصان المباركة ، وأثمرت نبي الاسلام محمداً صلى الله عليه وآله وصحبه وسلم، وهو الاول في مجالات مشرّفة كثيرة أخرى. سيرته الحافلة ملفٌ وثائقيٌ مدهشٌ ، وانجازاته مثيرة للإعجاب، ومنزلته رفيعة في التوراة وفي القرآن الكريم.

---

(4) هود، 73.

منزلةُ إبراهيم في التوراة والقرآن الكريم

أولاً: منزلتهُ في التوراة:

وردت سيرة إبراهيم الخليل عليه السلام في التوراة في (سفر التكوين) فقط. كان اسمه يوم ولادته أبرام، وهو العاشر في تسلسل الآباء الذين ولدوا من سام بن نوح بعد الطوفان. عاش أبرام عليه السلام مع والده (تارح) وبقية الأسرة في أور الكلدانيين، جنوب مملكة بابل.

إذ رأى الربُّ إيمان أبرام عليه السلام دعاه للخروج من أور الى أرض كنعان، وواعده وعوداً كثيرة وعظيمة. قَبِل أبرام عليه السلام الدعوة الإلهية وصاحبه في رحلته امرأته ساراي وابن أخيه لوط عليهم السلام. وعندما وصل أرض كنعان كانت مجاعة في الارض فانحدر الى مصر. ثم رجع الى أرض كنعان وصار غنياً في المواشي والفضة والذهب.

ظهر الربّ لأبرام عليه السلام في الرؤيا في أرض كنعان وواعده بركة ونسلاً كبيراً، وقطع معه ميثاقًا، قائلًا: لنسلك أعطي هذه الأرض. وإذ مرّت سنوات دون ان تنجب ساراي طفلاً ظنّت أنها تتمتع ببنين لها خلال هاجر جاريتها، فقدمتها لرجلها، وقبل أبرام الأمر.

ولدت هاجر ابنها ودعته "إسمعيل" عليهما السلام. ولما كان أبرام عليه السلام ابن تسع وتسعين سنة ظهر الرب له مجدداً وقال له: أنا الله القدير، سرْ أمامي وكن كاملًا، فأجعل عهدي بيني وبينك وأكثّرك كثيرًا جدًا، وكانت علامة العهد "الختان"، وغيّر الرب اسمه الى إبراهيم عليه السلام .

وبعد أيام قصيرة من الختان استقبل أبرام عليه السلام زواره الملائكة الثلاثة الذين بشروه بإسحاق من سارة عليهما السلام. صوّرت التوراة صفات

إبراهيم عليه السلام الجليلة ساطعة في سردها وتفصيلها للاختبارات الإلهية، كما سنرى. وقد فصّلت منزلة إبراهيم عليه السلام عند اليهود في اختبار ذبح الابن.

ثانياً: منزلته في القرآن الكريم:

أمّا في القرآن الكريم فقد ورد اسم إبراهيم عليه السلام في واحد وسبعين موضعاً، وتحدّثت عنه آيات تتوزّع بين خمسٍ وعشرين سورة.

وقد أثنى القرآن الكريم كثيراً على هذا النبيّ الشيخ الكبير ، وذكره بصفات جليلة عظيمة ، وجعله قدوةً وأسوةً حسنة للناس ﴿ **قَدْ كَانَتْ لَكُمْ أُسْوَةٌ حَسَنَةٌ فِي إِبْرَاهِيمَ وَالَّذِينَ مَعَهُ** ﴾،[5] ومن الصالحين ﴿ **إِنَّ إِبْرَاهِيمَ كَانَ أُمَّةً قَانِتاً للهِ حَنِيفاً وَلَمْ يَكُ مِنَ الْمُشْرِكِينَ * شَاكِراً لِّأَنْعُمِهِ اجْتَبَاهُ وَهَدَاهُ إِلَى صِرَاطٍ مُّسْتَقِيمٍ * وَآتَيْنَاهُ فِي الدُّنْيَا حَسَنَةً وَإِنَّهُ فِي الآخِرَةِ لَمِنَ الصَّالِحِينَ** ﴾،[6] ومن الصديقين ومن النبيين ﴿ **وَاذْكُرْ فِي الْكِتَابِ إِبْرَاهِيمَ إِنَّهُ كَانَ صِدِّيقاً نَّبِيّاً** ﴾،[7] ومن المصطَفين الأخيار ﴿ **وَاذْكُرْ عِبَادَنَا إبْرَاهِيمَ وَإِسْحَقَ وَيَعْقُوبَ أُوْلِي الأَيْدِي وَالأَبْصَارِ * إِنَّا أَخْلَصْنَاهُم بِخَالِصَةٍ ذِكْرَى الدَّارِ* وَإِنَّهُمْ عِندَنَا لَمِنَ الْمُصْطَفَيْنَ الأَخْيَارِ** ﴾.[8] كان إبراهيمُ أوّاهاً حليماً منيباً ﴿ **إِنَّ إِبْرَاهِيمَ لَحَلِيمٌ أَوَّاهٌ مُّنِيبٌ** ﴾،[9] وقد وفَّى بجميع عهوده ومواثيقه مع الله تعالى ﴿ **وَإِبْرَاهِيمَ الَّذِي وَفَّى** ﴾.[10] وكان لوحده أمةً قانتاً لله حنيفاً مسلماً وما كان من المشركين ﴿ **إِنَّ إِبْرَاهِيمَ كَانَ أُمَّةً قَانِتاً للهِ حَنِيفاً وَلَمْ يَكُ مِنَ الْمُشْرِكِينَ** ﴾.[11]

وكان إبراهيم عليه السلام شاكراً لأنعم وألطاف الله تعالى عليه، واختاره سبحانه وتعالى لمقام النبوّة ﴿ **شَاكِراً لِّأَنْعُمِهِ اجْتَبَاهُ وَهَدَاهُ إِلَى صِرَاطٍ مُّسْتَقِيمٍ** ﴾،[12] ومن المحسنين ﴿ **وَنَادَيْنَاهُ أَن يَا إِبْرَاهِيمُ * قَدْ صَدَّقْتَ الرُّؤْيَا إِنَّا كَذَلِكَ نَجْزِي**

(5) الممتحنة، 4.
(6) النحل، 120 – 122.
(7) مريم، 41.
(8) ص، 45 – 47.
(9) هود، 75.
(10) النجم، 37.
(11) النحل، 120.
(12) النحل، 121.

المُحسِنِينَ ﴾.[13] وقد خصّه الله سبحانه وتعالى في الدنيا بسلام منه ﴿ **سَلامٌ عَلَى إبرَاهِيمَ** ﴾،[14] وأعدَّ له من الثواب الجزيل ومرتبة الصالحين السامية في دار البقاء ﴿ **وَإنَّهُ فِي الآخِرَةِ لَمِنَ الصَّالِحِينَ** ﴾.[15]

واصطفاه جلّ جلاله ﴿ **إنَّ اللهَ اصطَفَى آدَمَ وَنُوحاً وَآلَ إبرَاهِيمَ وَآلَ عِمرَانَ عَلَى العَالَمِينَ** ﴾،[16] وأسبغ عليه النعم المادّية والمعنويّة ﴿ **أُولَئِكَ الَّذِينَ أَنعَمَ اللهُ عَلَيهِم مِّنَ النَّبِيِّينَ مِن ذُرِّيَّةِ آدَمَ وَمِمَّن حَمَلنَا مَعَ نُوحٍ وَمِن ذُرِّيَّةِ إبرَاهِيمَ وَإسرَائِيلَ وَمِمَّن هَدَينَا وَاجتَبَينَا إذَا تُتلَى عَلَيهِم آيَاتُ الرَّحمَن خَرُّوا سُجَّداً وَبُكِيّاً** ﴾.[17] وجعل في ذرّيته النبوة والكتاب ﴿ **وَوَهَبنَا لَهُ إسحَقَ وَيَعقُوبَ كُلاًّ هَدَينَا وَنُوحاً هَدَينَا مِن قَبلُ وَمِن ذُرِّيَّتِهِ دَاوُودَ وَسُلَيمَانَ وَأَيُّوبَ وَيُوسُفَ وَمُوسَى وَهَارُونَ وَكَذَلِكَ نَجزِي المُحسِنِينَ**﴾،[18] ﴿ **وَلَقَد أَرسَلنَا نُوحاً وَإبرَاهِيمَ وَجَعَلنَا فِي ذُرِّيَّتِهِمَا النُّبُوَّةَ وَالكِتَابَ فَمِنهُم مُّهتَدٍ وَكَثِيرٌ مِّنهُم فَاسِقُونَ** ﴾.[19]

وجعل ملّته (دينَه) عامةً وشاملةً وخالدةً لكلّ من سيأتي بعده في جميع الأزمان ، ولم يجعل دينه مختصّاً بأهل زمانه فقط ﴿ **ثُمَّ أَوحَينَا إلَيكَ أَنِ اتَّبِع مِلَّةَ إبرَاهِيمَ حَنِيفاً وَمَا كَانَ مِنَ المُشرِكِينَ** ﴾.[20]

تأثّر بمنهجه وأخلاقه العظيمة حتى الوثنيون، فاتّبعوه وسمّوا أنفسَهم بالأحناف، أي ميّالين الى الحق تأسّياً بإبراهيم عليه السلام ، إذ كان عليه السلام حنيفاً مسلماً ولم يكن من المشركين ، خلافاً للوثنيين الذين استمروا على معتقداتهم الوثنية ، وخلطوها مع تعاليم إبراهيم التوحيدية ، ولذلك يُضيف القرآن الكريم في نهاية الآيات التي تصفه بكونه حنيفاً مسلماً عبارة "وما كان من المشركين" ، ليميّزه عن الأحناف الوثنيين ﴿ **مَا كَانَ إبرَاهِيمُ يَهُودِيّاً وَلاَ نَصرَانِيّاً وَلَكِن كَانَ حَنِيفاً مُّسلِماً وَمَا كَانَ مِنَ المُشرِكِينَ** ﴾.[21]

---

(13) الصافات، 104 و105.
(14) الصافات، 109.
(15) البقرة، 130.
(16) آل عمران، 33.
(17) مريم، 58.
(18) الأنعام، 84.
(19) الحديد، 26.
(20) النحل، 123.
(21) آل عمران، 67.

تُشير الآيات القرآنية الى أنّ الله سبحانه وتعالى أعطى لإبراهيم عليه السلام مقامات لم يعطها أحداً من الأنبياء ، فقد أمر الله تعالى الحُجّاج المسلمين أن يُصلّوا خلف مقام إبراهيم عليه السلام في الكعبة ﴿ **وَاتَّخِذُوا مِن مَّقَامِ إِبرَاهِيمَ مُصَلًّى** ﴾،[22] واتخذه الله خليلاً ﴿ **وَاتَّخَذَ اللهُ إِبرَاهِيمَ خَلِيلاً** ﴾،[23] والخَلّة هي شدّة المحبة، وقيل إنّما تعني الصديق، ليس من أجل الحاجة إلى إبراهيم عليه السلام فالله سبحانه منزّه عن الاحتياج لأحد، بل إنّ هذا الاختيار قد تمّ لما لإبراهيم عليه السلام من صفات وخصال وسجايا طيبة بارزة لم توجد في غيره.

وبعد اجتياز الاختبارات الالهية بنجاح باهر وامتياز عالٍ ، منحه الله تعالى وسام الامامة الأرفع الذي هو أعلى المقامات ، ويأتي بعده مقام الربوبية ﴿ **وَإِذِ ابتَلَى إِبرَاهِيمَ رَبُّهُ بِكَلِمَاتٍ فَأَتَمَّهُنَّ قَالَ إِنِّي جَاعِلُكَ لِلنَّاسِ إِمَاماً قَالَ وَمِن ذُرِّيَّتِي قَالَ لاَ يَنَالُ عَهدِي الظَّالِمِينَ**﴾.[24]

الإمامة أعلى المقامات:

تعتبر منزلة الإمامة قمة مفاخر إبراهيم عليه السلام ، وهي أسمى من منزلة النّبوة والرسالة ، لأنّ النّبوة والرسالة تقتصران على تبليغ أوامر الله ، والبشارة ، والإنذار ، وإراءة الطريق (هداية تشريعية). أمّا الإمامة فتشمل مسؤوليات النّبوة والرسالة إضافة إلى تنفيذ الأوامر الإلهية وتحقيق أهداف الدين والهداية، أي الإيصال إلى المطلوب وإخراج النفوس المستعدة من ظلمات الضلالة إلى النور (هداية تكوينية) ﴿ **وَجَعَلنَا مِنهُم أَئِمَّةً يَهدُونَ بِأَمرِنَا لَمَّا صَبَرُوا وَكَانُوا بِآيَاتِنَا يُوقِنُونَ**﴾[25]

إنّ النبيّ والرسول ليس لديهما القدرة التنفيذية للهداية ﴿ **لَّيسَ عَلَيكَ هُدَاهُم وَلَكِنَّ اللهَ يَهدِي مَن يَشَاءُ**﴾،[26] على خلاف الامام ﴿ **هُوَ الَّذِي يُصَلِّي عَلَيكُم وَمَلائِكَتُهُ لِيُخرِجَكُم مِّنَ الظُّلُمَاتِ إِلَى النُّورِ وَكَانَ بِالمُؤمِنِينَ رَحِيماً** ﴾.[27]

---

(22) البقرة، 125.
(23) النساء، 125.
(24) البقرة، 124.
(25) السجدة، 24.
(26) البقرة، 272.
(27) الأحزاب، 43.

لتوضيح الفرق بين مهمة النبي والإمام، أضرب مثلاً: تسأل شخصاً عن كيفية الوصول الى مكان معين فيصف لك الطريق، هذه الحالة تشبه مهمة النبي، أي يدلك على الطريق، وتسأل شخصاً آخر فيأتي معك ويأخذك بيده الى المكان المطلوب، هذه الحالة تشبه مهمة الإمام، أي تحقيق الهدف.

إنّ حياة هذا المجاهد البطل (شيخ الأنبياء) مليئة بالدروس والعِبَر، كما ذكرنا أعلاه، ونشير هنا الى صفات أخرى لم يرد ذكرها صراحةً في الكتُب الإلهية، إلاّ أنّ المتدبّر يقرأها بين الأسطر، وهي ثقته بالله تعالى وحُبّه له والتسليم المحض لإرادته .

كان إبراهيم عليه السلام يسارع إلى الاستجابة حال سماعه نداء الربّ ، ولا يرفض أيّ أمرٍ له بما في ذلك ذبح ابنه الوحيد ، ولا يسأل لماذا ، ولا يناقش ، ولا يتردد لحظة في الاستجابة، كما تبيّن ذلك من اجتيازه الاختبارات الإلهية.

لقد كرّر إبراهيم عليه السلام دعاءه للربّ أن يَمُنَّ عليه وعلى ذرّيته بنعمة التسليم لوجهه الكريم ﴿ **رَبَّنَا وَاجْعَلْنَا مُسلِمَينِ لَكَ وَمِن ذُرِّيَّتِنَا أُمَّةً مُّسلِمَةً لَّكَ وَأَرِنَا مَنَاسِكَنَا وَتُب عَلَينَآ إِنَّكَ أَنتَ التَّوَّابُ الرَّحِيمُ** ﴾،[28] ووصّى إبراهيم عليه السلام بها بنيه ، وتأثّر بها يعقوب عليه السلام ، فوصّى بها بنيه أيضاً ﴿ **وَوَصَّى بِهَا إِبرَاهِيمُ بَنِيهِ وَيَعقُوبُ يَا بَنِيَّ إِنَّ اللهَ اصطَفَى لَكُمُ الدِّينَ فَلاَ تَمُوتُنَّ إَلا وَأَنتُم مُّسلِمُونَ** ﴾.[29] أكّد إبراهيم ويعقوب لأبنائهم عليهم جميعاً سلام الله أنّ رمز نجاحهم وسعادتهم في هذه الدنيا وفي الآخرة يتلخّص في جملة واحدة هي: التسليم المحض والمطلق لربّ العالمين.

---

(28) البقرة، 128.
(29) البقرة، 132.

منزلةُ إبراهيم في الوثائق اليهوديّة والإسلاميّة

أولاً: منزلتهُ في الوثائق اليهوديّة:

إنّ إبراهيم عليه السلام هو الجدّ الأكبر لبني إسرائيل، الذين وُلدوا لحفيده يعقوب عليه السلام ، وفي التقليد اليهودي يدعوه "أبونا إبراهيم"، كونه السلف البايولوجي لليهود.

ولد في (أور) في مملكة بابل في عهد (نمرود بن كنعان)، سنة ألف وثمان مائة وإحدى وستين قبل الميلاد إلاّ أنّ هناك تضارباً في الروايات حول تاريخ ولادته. عاش إبراهيم عليه السلام مائةً وخمساً وسبعين سنة.

تزوّج إبراهيم عليه السلام من ثلاث نساء: سارة، وهاجر، وقطورة. إقترن أولاً بسارة (عليها السلام) في أور وكانت تصغره بعشر سنوات، وانجبت له إسحاق عليه السلام . وتزوّج هاجر (عليها السلام) في أرض كنعان وانجبت له إسماعيل عليه السلام . وبعد وفاة سارة، تزوّج - بحسب الرواية اليهوديّة - قطورة وأنجبت له ستة أبناء وهم: زمران ، ويقشان ، ومدان ، ومديان ، ويشباق ، وشوحا.

لإبراهيم عليه السلام مكانة عالية من الاحترام عند اليهود حيث يعتبروه الأب المؤسس (لنسلهم الدينيّ) ويمثل - بالنسبة لهم - العلاقة الخاصة بين الشعب اليهودي والله – وهو الاعتقاد الذي يستمد منه اليهود موقعاً فريداً باعتبارهم (شعب الله المختار)، ويعتبرون إبراهيم عليه السلام أول يهودي ومنه انحدرت السلالة اليهوديّة، وهذا الاعتقاد سائد بين اليهود الى يومنا هذا، على الرغم من اعترافهم بأنّ التوراة نزلت على موسى النبي عليه السلام .

ويُشكّل ذكر وتمجيد اليهود للآباء: إبراهيم، واسحاق، ويعقوب (عليهم السلام)، جزءاً مهماً من صلواتهم اليومية، كونهم شخصيات محوريّة في حياة اليهود اليومية وتاريخهم.

ثانياً: منزلتهُ في الوثائق الاسلاميّة:

أمّا في الوثائق الاسلامية، فقد وُصِفَ إبراهيم عليه السلام في النشرات ، والكتب الاسلامية أنّه (خليل الرحمن) ، وشيخ الموحّدين ، وقدوة الرساليين ، وأبو الانبياء والمرسلين ، وثاني رسل أولي العزم، وأنّ من نسله محمّداً نبي الاسلام صلى الله عليه وآله وصحبه وسلم، من ابنه إسماعيل عليه السلام . إبراهيم - في المتداول الاسلاميّ - هو بطلُ التوحيد ، ونبيّ الله الكبير ، ومحطّم الأصنام ، وأبو الأضياف ، وإبراهيم الأمّة، وإمام الناس ، والجدّ الاكبر .

حمل إبراهيم عليه السلام أبوّة جسديّة لأهل الختان ، وأُبوّة روحية لمن يسلك بإيمانه. ولا يعرض عن دين إبراهيم عليه السلام إلّا السفيه (غير العاقل) الذي يتجه إلى الشرك ، والكفر ، والانحراف عن الفطرة ﴿ **وَمَن يَرغَبُ عَن مِّلَّةِ إبرَاهِيمَ إلّا مَن سَفِهَ نَفسَهُ**﴾.(30) وقال سبحانه في التأكيد على أنّ مفهوم التبعيّة الإبراهيميّة هو الملازمة للخطّ التوحيديّ ﴿ **إنَّ أَولَى النَّاسِ بِإبرَاهِيمَ لَلَّذِينَ اتَّبَعُوهُ** ﴾.(31)

إنّ حياة إبراهيم عليه السلام تُلهمنا دروساً كثيرةً في التوكل الصادق على الله تعالى، واستمداد العون منه ، وفي الصبر ، والعبودية للهُ سبحانه ، والطاعة والجهاد في سبيله ، والوَلهِ والحُبّ لذاته المقدسة. وأنّه مادام هناك أمر إلهيّ ، فلا يوجد مجال للتردّد أو كلمة لا، أو لماذا.

إنّ هذا النبي العظيم الذي كانت الأُمّة الإسلامية ورسولها خاتم الانبياء من بركة دعائه ، هو الأسوة الحسنة لجميع المسلمين ممن دان لله وأخلص له الطاعة. مكانته في سُلّم معرفة الله ، ومنطقه الصريح والمُفحم أمام عبدة الأوثان ، ونضاله المرير ضدّ الجبابرة ، وتضحياته على طريق الله ،

(30) البقرة، 130.
(31) آل عمران، 68.

وصموده الغريب أمام عواصف الحوادث والاختبارات الصعبة ، كلّ واحدة من هذه الصفات تُشكّل النموذج الأعلى للسائرين على طريق التوحيد. إنّه قدوة وأسوة صالحة لأن يقتدي به كلّ الناس وليس المسلمين فقط ، وينصاع له الجمع البشريّ في كلّ المجالات ، فهو نموذج فذّ ورائد للإنسان الكامل.

كان إبراهيم عليه السلام مُحبّاً للضيوف ، وقد ورد في بعض الرّوايات أنّه كان يلقّب بـ (أبي الأضياف)، وقصص ضيافته كثيرة في الكتب الالهيّة. كان من المتوكّلين على الله ، ولا يطلب حاجةً إلّا منه.

كان إبراهيم عليه السلام شجاعاً ، مقداماً حيث وقف وحيداً بوجه التعصّبات الوثنيّة وأربابها، ولم يُظهر أيّ خوف في مقابلتها ، كَسّر أصنامهم وجعلها ركاماً ، وواجه الملك نمرود وأعوانه بكلّ شجاعة ، وحارب أربعة ملوك ، وأنقذ ابن أخيه لوطاً عليه السلام من الأسر. كان إبراهيم عليه السلام ذا راي سديد، وصاحب منطق قوي ، وحجة دامغة، استطاع من خلال عباراته الرصينة وجمله القصيرة المُحكمة، وأدلّته القاطعة، أن يبطل أقوال المضلّين. ولم يثنه بأسهم عن مواصلة الطريق ، بل كان يواجه الأُمور بالصبر والحلم المعبِّرين عن روحه الكبيرة ، كما جاء في محاجّته مع ملك زمانه نمرود ، ومع أبيه آزر ، ومع القضاة أثناء محاكمته.

لقد استطاع إبراهيم عليه السلام من خلال محاجّته لهم أن يُفحمهم ويسدّ عليهم طريق الردّ عليه ، كانت أجوبته تنزلُ كالصاعقة على رؤوسهم. وعندما رأوا أنّهم لا يستطيعون مقاومة منطقه الرصين ، فضحوا عجزَهم بقولهم حرّقوه وانصروا آلهتكم إن كنتم فاعلين.

وضع إبراهيم عليه السلام مناسك الحجّ للمسلمين بأمر من الله تعالى وبوحي منه ، ولذلك امتزج اسمه في جميع مراسيم الحجّ ، حيث يتذكّر كلّ مسلم أثناء أدائه للفرائض هذه الشخصيّة العظيمة، ويحسّ بعظمة نبوّته في قلبه وعقله وسائر جوارحه ، إنّ أداء فريضة الحجّ بدون ذكر إبراهيم عليه السلام تصبح خاوية المعنى. إنّ مناسك الحج التي يؤديها المسلمون اليوم هي تقليد لما قام به إبراهيم وإسماعيل عليهما السلام بعد أن رفعا قواعد الكعبة.

هل كان إبراهيم يهوديّاً أم نصرانيّاً أم مسلماً ؟

لقد حاولت جميع الطوائف أن تَنسب إبراهيم عليه السلام لنفسها ، وذلك بسبب شخصيته البطولية ومنزلته العالية الرفيعة عند الله تعالى ، فاليهودية والنصرانية تؤكّدان صلتهما به دينياً ، ولكن الله تعالى قال: ﴿ **مَا كَانَ إِبرَاهِيمُ يَهُودِيّاً وَلَا نَصرَانِيّاً وَلَكِن كَانَ حَنِيفاً مُّسلِماً وَمَا كَانَ مِنَ المُشرِكِينَ** ﴾.[32] تصرّح الآية إنّ إبراهيم عليه السلام لم يكن من اليهود ولا من المسيحيّين، وإنّما كان حنيفاً موحّداً لم يشرك مع الله أحداً. والحنيفي الموحد هو من نبذ عبادة الاصنام وكلّ ما يتعلق بها من طقوس باطلة، وتمسك بعبادة الله وحده ومارس ما فرض الله من عبادات.

ولا شكّ أنّ الله أعلم من غيره بما يقولون ، والله يقول إنّ إبراهيم وأولاده إسماعيل و إسحاق وأحفاده عليهم جميعاً سلام الله ما كانوا هوداً أو نصارى ﴿ **أَم تَقُولُونَ إِنَّ إِبرَاهِيمَ وَإِسمَاعِيلَ وَإِسحَقَ وَيَعقُوبَ وَالأَسبَاطَ كَانُوا هُوداً أَو نَصَارَى قُل أَأَنتُم أَعلَمُ أَمِ اللهُ وَمَن أَظلَمُ مِمَّن كَتَمَ شَهَادَةً عِندَهُ مِنَ اللهِ وَمَا اللهُ بِغَافِلٍ عَمَّا تَعمَلُونَ** ﴾.[33]

كما أنّ إبراهيم عليه السلام وأبناءه عاشوا وماتوا قبل نزول التوراة على موسى عليه السلام ، والانجيل على عيسى عليه السلام ، فيصبح الجدل في نَسَبِه إليهم دينياً عقيماً ، أيعقل أن يدين نبيّ سابق بدين لاحق ؟ ﴿ **يَا أَهلَ الكِتَابِ لِمَ تُحَآجُّونَ فِي إِبرَاهِيمَ وَمَا أُنزِلَتِ التَّورَاةُ وَالإِنجِيلُ إِلّا مِن بَعدِهِ أَفَلاَ تَعقِلُونَ** ﴾.[34]

---

(32) آل عمران، 67.
(33) البقرة، 140.
(34) آل عمران، 65.

ولوضع حدًّ للجدل الدائر حول إبراهيم عليه السلام ، الذي كانت كلّ جهة تدّعي أنّه منها ، وكانوا يستندون غالباً إلى قرابتهم منه ، أو اشتراكهم معه في العنصر ، أعاد القرآن مبدأً رئيساً إلى الأذهان ، وهو أنّ الارتباط بالأنبياء ، والولاء لهم ، إنّما يكون عن طريق الإيمان برسائلهم، وبالذي بعثهم، واتّباع تعاليمهم. وبناءً على ذلك ، فإنّ أقرب الناس لإبراهيم عليه السلام هُم الذين يتّبعون مدرسته ، ويلتزمون أهدافه ، فاحترام الأنبياء إنّما هو لمدرستهم ، لا لعنصرهم أو لقبيلتهم أو نسبهم ﴿ **إِنَّ أَوْلَى النَّاسِ بِإِبْرَاهِيمَ لَلَّذِينَ اتَّبَعُوهُ وَهَذَا النَّبِيُّ وَالَّذِينَ آمَنُوا وَاللهُ وَلِيُّ الْمُؤْمِنِينَ** ﴾.[35] وقال تعالى: ﴿ **وَمَنْ أَحْسَنُ دِيناً مِّمَّنْ أَسْلَمَ وَجهَهُ لله وَهُوَ مُحسِنٌ واتَّبَعَ مِلَّةَ إِبرَاهِيمَ حَنِيفاً وَاتَّخَذَ اللهُ إِبرَاهِيمَ خَلِيلاً** ﴾.[36]

هذا هو الطريق المستقيم لشريعة إبراهيم عليه السلام النقية الخالصة ﴿ **قُلْ إِنَّنِي هَدَانِي رَبِّي إِلَى صِرَاطٍ مُّستَقِيمٍ دِيناً قِيَماً مِّلَّةَ إِبرَاهِيمَ حَنِيفاً وَمَا كَانَ مِنَ المُشرِكِينَ** ﴾.[37]

والمسلمون أيضاً ينسبون إبراهيم عليه السلام لأنفسهم بالقرابة لكونه أبا إسماعيل عليه السلام ، والذي انحدر من سلالته نبي الاسلام محمد صلّى الله عليه وآله وصحبه وسلم ، والتصريح الالهي أعلاه بشأن نسب إبراهيم عليه السلام يشمل المسلمين أيضاً.

نعم كانت صفة إبراهيم عليه السلام الجوهرية هي التسليم لله تعالى ، والانقياد لأوامره ، وأنّ معنى الاسلام هو التسليم لله والطاعة الكاملة لإرادته ، إلّا أنّ هذا لا يعني ان إبراهيم عليه السلام كان يدين بشريعة الاسلام التي نزلت على محمد صلّى الله عليه وآله وصحبه وسلم.

وعلى أية حال فإنّ إبراهيم عليه السلام هو أبو الرُسل والأنبياء ، وأنّ الإسلام يُلزمنا أن لا نُفرّق بين الرسل﴿ **لَا نُفَرِّقُ بَيْنَ أَحَدٍ مِّن رُّسُلِهِ**﴾،[38] وأن نحترم رسالاتهم ، لأنّ المبادئ الأساسية للرسالات الالهية واحدة ، ومصدرها واحد ،

---

(35) آل عمران، 68.
(36) النساء، 125.
(37) الأنعام، 161.
(38) البقرة، 285.

وأن نستسلم لله ربّ العالمين بالتوحيد، والانقياد له بالطاعة، والاستعداد لتنفيذ أوامره ونواهيه في كل الاحوال ﴿ **قُولُوا آمَنَّا بِاللهِ وَمَآ أُنزِلَ إِلَيْنَا وَمَا أُنزِلَ إِلَى إِبْرَاهِيمَ وَإِسْمَاعِيلَ وَإِسْحَقَ وَيَعْقُوبَ وَالأَسْبَاطِ وَمَا أُوتِيَ مُوسَى وَعِيسَى وَمَا أُوتِيَ النَّبِيُّونَ مِن رَّبِّهِم لاَ نُفَرِّقُ بَيْنَ أَحَدٍ مِّنْهُم وَنَحْنُ لَهُ مُسْلِمُونَ** ﴾.(39)

وكذلك قوله تعالى: ﴿ **قُلْ آمَنَّا بِاللهِ وَمَا أُنزِلَ عَلَيْنَا وَمَا أُنزِلَ عَلَى إِبْرَاهِيمَ وَإِسْمَاعِيلَ وَإِسْحَقَ وَيَعْقُوبَ وَالأَسْبَاطِ وَمَا أُوتِيَ مُوسَى وَعِيسَى وَالنَّبِيُّونَ مِن رَّبِّهِم لاَ نُفَرِّقُ بَيْنَ أَحَدٍ مِّنْهُم وَنَحْنُ لَهُ مُسْلِمُونَ** ﴾.(40)

وهذا هو منطق الإسلام في التعاطي في القرب والبعد مع الرساليين ﴿ **فَإِذَا نُفِخَ فِي الصُّورِ فَلَا أَنسَابَ بَيْنَهُمْ يَوْمَئِذٍ وَلَا يَتَسَاءَلُونَ** ﴾.(41)

---

(39) البقرة، 136.
(40) آل عمران، 84.
(41) المؤمنون، 101.

نشأةُ إبراهيم وسطَ الوثنيّة

نشأة إبراهيم عليه السلام :

نشأ إبراهيم عليه السلام في مملكة بابل، وسط قومٍ وثنيّين ، منهم من يعبد الأصنام والتماثيل الخشبية، ومنهم من يعبد الأوثان الحجريّة ، ومنهم من يعبد الملك (نمرود) الذي ادّعى لنفسه الربوبيّة ، ومنهم من يعبد الشمس أو القمر أو النجوم أو الكواكب ، وهكذا تعددت وتنوعت آلهتهم ، ومُنحت لها اختصاصات منوّعة ، فاعتبروا كوكب (المريخ) إلهَ الحرب ، وكوكب (المشتري) إلهَ العدل والعلم ، وكوكب (عطارد) إلهَ الوزراء ، و(الشمس) ملك الآلهة جميعاً.

أوعز الانسانُ القديم، المظاهر الكونيّة مثلَ تعاقب الليل والنهار والرياح والمطر وأمثالها الى قوى ربوبية روحية، مما ألزمه العمل على كسب رضاها ومودتها. فبينما الانسان الحديث يعلل سقوط المطر بمجموعة من القوانين فإنّ الانسان القديم كان بأمّيته يرى ربَّه الخصب، واذا فسّرنا دوران القمر حول الارض بسبب الجاذبية، فإن الانسان الأمّي كان يرى في ظهور القمر واختفائه ربًّا، وهكذا فكل ظاهرة لها رب، وبسبب جهالة الانسان القديم وسذاجته تعددت الأرباب وبلغ عددها بالمئات.

كما واعتقدوا أنّ الآلهة كانت تتنازع وتتخاصم بعضها مع بعض، والمنتصر بينها يظهر تأثيره على الناس. فإن شبّت حرب بين إله المطر وإله الجفاف وانتصر إله المطر نزل المطر واخضرّت الارض ونبت الزرع. وان غلب إله الجفاف توقّف المطر وأصاب الأرض الجفاف وعمّ القحط. وهكذا، فانَّ أي كارثة تحصل على الارض وتصيب الناس يُعزى سببها الى

المعارك الطاحنة بين الآلهة حسب اعتقادهم. فإن خاصم إله الحرب وانتصر على إله السلم عمّت الحروب على الارض والموت بين الناس.

من هنا يتبيّن أنّ هناك عدة قوى مسيطرة على الكون - بحسب نظر الوثنيين - وأن مصير الإنسان هو نتيجة أو ضحيّة للنزاعات التي تحصل بين الآلهة. لذلك كان الوثنيون يقدمون القرابين والمحرقات لتهدئتهم وكسب رضاهم وتوقّي غيظهم وعقابهم.

وكان (تارح) مُقرّباً لنمرود ملك بابل الوثني بسبب مهنته في عمل الأوثان الذي هو دين المملكة ، وعادة ما يتأثر الفرد بعادات أقربائه والوسط الذي ينشأ فيه ، ويقال: إنّ الانسان ابنُ بيئته، وإذا من هذه الأسرة يُولد طفل قدّر له ان يقف ضد أوهام أسرته ، وقومه ، ومملكته التعبدية.

ولد إبراهيم عليه السلام - كما سبقت الإشارة - في أور الكلدانيين عام 1861 قبل الميلاد وقد استدل على وحدانية الله في أوائل عمره إستدلالاً عقليّاً متيناً ﴿ **وَتِلْكَ حُجَّتُنَا آتَيْنَاهَا إِبرَاهِيمَ عَلَى قَوْمِهِ**﴾،[42] فدافع عن معتقداته التوحيدية دفاعا مستميتا، ووقف بوجه ملك زمانه وقومه بعناد الواثق من حجّته، ولما لم ينفع النصح في اقناعهم بعدم الجدوى من عبادة الاصنام، حطّم أصنامهم، فرموه في النار، لكنه خرج منها سالماً بلطف الله وإرادته وعهده بالدفاع عن المؤمنين.

هاجر إبراهيم عليه السلام من العراق الى أرض كنعان عندما كان عمره خمساً وسبعين سنة، وتنقّل في أرض كنعان، وتوفي عام 1686 قبل الميلاد بعمر مائة وخمس وسبعين سنة.

---

(42) الأنعام، 83.

بينَ الوَثنيّــة والحنيفيّة

إنّ توحيد الله تعالى أصلٌ فطريّ في خلق الانسان ﴿**وَإِذْ أَخَذَ رَبُّكَ مِن بَنِى ءَادَمَ مِن ظُهُورِهِمْ ذُرِّيَّتَهُمْ وَأَشْهَدَهُمْ عَلَى أَنْفُسِهِمْ أَلَسْتُ بِرَبِّكُمْ قَالُوا بَلَى شَهِدْنَا أَن تَقُولُوا يَوْمَ الْقِيَمَةِ إِنَّا كُنَّا عَنْ هَذَا غَفِلِينَ**﴾،(43) وإنّ مبدأ التوحيد هو الجوهر الأساس الذي دعا اليه جميع رسل الله وأنبيائه، إلا انّ الجهل والغفلة يعميان بصيرة الانسان ﴿**وَجَوَزْنَا بِبَنِى إِسْرَءِيلَ الْبَحْرَ فَأَتَوْا عَلَى قَوْمٍ يَعْكُفُونَ عَلَى أَصْنَام لَّهُمْ قَالُوا يَمُوسَى اجْعَل لَّنَآ إِلَهاً كَمَا لَهُمْ ءَالِهَةٌ قَالَ إِنَّكُمْ قَومٌ تَجْهَلُونَ**﴾.(44) يستفاد من هذه الآية أنّ منشأ الوثنية هو جهل البشر بالله تعالى " **إِنَّكُمْ قَومٌ تَجْهَلُونَ**". هذا من جانب ومن جانب آخر فإنّ الانسان يسعى الى ان يجسّم كلّ شئ في قالب حسي، لأن فكره لا يفارق منطقة المحسوسات، لذلك كان يصعب عليه عبادة إله غير منظور ومرئي. ان جهل البشر بالله إضافة الى غياب الحضور الالهي الملموس عند الانسان الجاهلي أربك ذهنه وخلق له حيزاً أو فراغا في تصوره، مما اضطره الى صبّ الإله في قالب حسّي يتمظهر بمظاهر شتى، بل ولجأ الى المخلوقات الملموسة والقضايا الحسية ليحصل على درجة من درجات ارتياحه النفسي. فالصورة الموضوعة فوق سرير المريض قد تحقق للمريض ولأهله الاطمئنان النفسي من قبل الشفيع الذي يحتل إطارها. هذا الشفيع قريب ومفهوم، فيما يظلّ الخالق بعيداً متسامياً وغير مُدرَك عندهم الى درجة الغياب عن أذهانهم.

مثال آخر أيقونات وصور السيد المسيح والعذراء والقديسين، حيث كان المسيحيون يرفعون الصلوات للأيقونات، ويوقدون الشموع أمامها،

---

(43) الانعام، 172.
(44) الاعراف، 138.

ويقدمون النذور لها، فالحضور البسيط والمباشر الذي تقدمه الأيقونة هو فعليٌ ملموس ومُطمْئِن- الى حدٍّ ما - وبعيد عن مصطلحات اللاهوت المعقدة التي يسمعها المؤمن في الكنيسة دون أن يدرك معناها. ولو ان الغاية من الأيقونات واضح عند المسيحيين، الا أنّ بعضهم تعدّى وغالى في مفهومها واعتبرها معبودات وبدأ يسجد لها ويعبدها ويتضرع اليها.

من مثل هذا المنظار بدأت فكرة الوثنية بالظهور، نقوشاً ورسوماً وصوراً للشمس والقمر والنجوم تعكس عظمة الخالق، لكنها تدريجياً حلّت مكان الخالق وأصبحت هي المعبودات.

ومن الصعب بيان تاريخ عبادة الأصنام، فمنذ أقدم الأزمنة كانت عبادة الأصنام سائدة بين البشر. والواقع أنّ عبادة الأصنام نوع من التحريف في العقيدة الفطرية المودعة في خلق الإنسان المتمثّلة في توحيد الله. ولمّا كانت هذه الفطرة موجودة في الإنسان دائماً، فإنّ تحريفها كان أيضاً موجوداً بين المجموعات البشرية دائماً. لذلك يمكن القول إنّ تاريخ عبادة الاصنام يكاد يوازي سكن الانسان على الارض. الا ان عبادة الاصنام مرّت بموجات مدّ وجزر على مدى التاريخ.

يذكر المفسّر وفيلسوف التوراة العالم اليهودي (موسى بن ميمون) في كتابه «القانون اليهودي» حول نشأة الوثنية: أنّ الانسان الأول آدم ، كان موحِّداً ، لكن في زمن حفيده (أنوش ابن شيث ابن آدم) انحرفت الانسانية في تفكيرها حول الربّ ، وتشوشت حكمة رجالها وكان (أنوش) نفسه من بينهم. هذا يعني – بناءاً على هذا الرأي - أنّ أُولى علامات الوثنية ظهرت وآدم ما زال حياً على الأرض ، وبالتقريب بعد حوالي مئتي وخمس وثلاثين سنة من هبوطه إلى الارض ، حيث ولد شيث عندما أمضى آدم مائة وثلاثين سنة من عمره على الارض «**وَعَاشَ آدَمُ مِئَةً وَثَلاَثِينَ سَنَةً ، وَوَلَدَ وَلَدًا عَلَى شَبَهِهِ كَصُورَتِهِ وَدَعَا اسْمَهُ شِيثًا**».[45] وَوُلد (أنوش) عندما كان (شيث) قد أمضى من عُمره مائة وخمس سنين «**وَعَاشَ شِيثُ مِئَةً وَخَمْسَ سِنِينَ ، وَوَلَدَ أَنُوشَ**».[46] وكانت كل أيام آدم التي عاشها تسعمائة وثلاثين سنة.

---

(45) سفر التكوين، 5:3.
(46) سفر التكوين، 5:6.

لقد اعتقد بعض القوم حسب بساطة تفكيرهم أنّه سيكون من دواعي السرور الالهي ان يُبجّلوا مخلوقاته التي هي مصدر خير وبركة للإنسان كالشمس ، والقمر ، والنجوم، والنار، والماء وغيرها تقديراً لعظمته. فراح الانسان يحني رأسه أمامها تعظيماً لها ، واعترافاً منه بجميلها ، دون أن يوسّع أُفق تفكيره في خالقها ، فاتّخذ هذا التقدير والاحترام بمرور الزمان صورة عبادة لهذه الموجودات.

وسرعان ما شيدّوا المعابد للمنحوتات وعلقوا الرسوم على جدرانها ، وقدّموا لها القرابين معتقدين أنّ عملهم هذا سيفرح الله. كان الآباء لحد ظهور هذه الاعتقادات يؤمنون بوحدانية الله ، ويقرّون أن الكواكب مخلوقاته ، وانهم يُبجّلونها تعظيماً له ، لكنّهم حسب بساطة تفكيرهم زرعوا بذور الوثنية والشرك.

وفي أجيالٍ لاحقة يذكر (موسى بن ميمون) أنّه ظهر أنبياء كذَبة ومشعوذون ودجّالون ، ممّن ادّعوا أنهم استلموا اتصالات من مصادر سماوية ، عن كيفية خدمة معبوداتهم وقدموا لهم نقوش الكواكب. وبمرور الأجيال نسي القوم ذكر الله و أشركوا في عبادة الله الواحد ، وأصبح الشباب وعامة الناس عبر الاجيال لا يُميّزوا إلّا الصور المنقوشة للآلهة على الاخشاب والصخور المنحوتة في معابد الأرباب، والتي تعوّدوا على مشاهدتها منذ طفولتهم ولها ينحنون إجلالاً ، ويحلفون بها ويخدموها.

ومن أسباب نشوء واستمرار الوثنية وعبادة الأصنام الأخرى ، قيل إنّ الأقوام السالفة كانت تُقدّس أنبياءها وشخصيّاتها الدينية ، فإذا توفي هؤلاء أقيمت لهم التماثيل لتخليد ذكراهم ، مدفوعين بروح تقديس الأبطال ، والغلوّ في شخصياتهم، ومن ثمّ تقديس تماثيلهم إلى حدّ التأليه.

وعلى الرغم من أن أثار الوثنية ظهرت في أيام آدم وأحفاده، الا أنّها ازدهرت تدريجياً ودامت الى أيام نوح. ويستفاد من بعض آيات القرآن أنّ الناس في زمن النّبي نوح عليه السلام كانوا يعبدون أصناماً متعددة **(وَقَالُواْ لاَ تَذَرُنَّ ءَالِهَتَكُمْ وَلاَ تَذَرُنَّ وَدّاً وَلاَ سُوَاعاً وَلاَ يَغُوثَ وَيَعُوقَ وَنَسْراً)**.(47) ثمّ اندثرت

(47) نوح، 23.

الأصنام وانطمر أصحابها بعد الطوفان. ولكن وبعد مضي الاعوام نسيت الأجيال آلام الماضي وبرزت فكرة عبادة الاصنام مجدداً وورثها أحفاد نوح أمثال (كنعان ونمرود) وأقوام لاحقون مثل (عاد وثمود) واستمرت الوثنية الى أيام إبراهيم عليه السلام.

إنّ إبراهيم عليه السلام من شيعة نوح عليه السلام ﴿ **وَإِنَّ مِن شِيعَتِهِ لَإِبْرَاهِيمَ** ﴾،[48] وإنّ إبراهيم عليه السلام ولد بعد الطوفان ، وعاشر نوحاً حوالي ثمان وخمسين سنة الأخيرة من عمره ، حسب بعض المؤرخين، وتحدث إبراهيم عليه السلام مع (سام بن نوح)، وورد في (المدرش) نصوص بعض الحديث بينهما،[49] كما وأنّ ساماً شارك في مراسيم دفن إبراهيم عليه السلام.[50]

صحيح أنّ أنبياء آخرين قبل إبراهيم عليه السلام أمثال نوح عليه السلام قد قاوموا الشرك والوثنيّة، ودعوا البشر إلى التوحيد، إلاّ أنّ الذي منح كلمة "التوحيد" الاستقرار والثبات والامتداد، ورفع رايتها في كلّ مكان، كان محطّم الأصنام إبراهيم عليه السلام ﴿ **شَرَعَ لَكُم مِّنَ الدِّينِ مَا وَصَّى بِهِ نُوحاً وَالَّذِي أَوحَينَا إِلَيكَ وَمَا وَصَّينَا بِهِ إِبرَاهِيمَ وَمُوسَى وَعِيسَى أَن أَقِيمُوا الدِّينَ وَلا تَتَفَرَّقُوا فِيهِ كَبُرَ عَلَى المُشرِكِينَ مَا تَدعُوهُم إِلَيهِ اللهُ يَجتَبِي إِلَيهِ مَن يَشَاء وَيَهدِي إِلَيهِ مَن يُنِيبُ** ﴾.[51]

ومع أن الخط الديني الغالب لتلك الاقوام هو عبادة الاصنام، الا أن الفكر التوحيدي الفطري بالله مازال نابضاً عند بعضهم حيث اعتبروا الاصنام شركاء تقربهم الى الله زلفى. وقد أشار القرآن الكريم الى هذه الحقيقة في أكثر من موضع ﴿ **وَلَئِن سَأَلْتَهُم مَّنْ خَلَقَ السَّمَاوَاتِ وَالْأَرْضَ وَسَخَّرَ الشَّمْسَ وَالْقَمَرَ لَيَقُولُنَّ اللَّهُ فَأَنَّىٰ يُؤْفَكُونَ** ﴾،[52] ﴿ **وَلَئِن سَأَلْتَهُم مَّنْ خَلَقَهُمْ لَيَقُولُنَّ اللَّهُ فَأَنَّىٰ يُؤْفَكُونَ** ﴾،[53] ﴿ **وَالَّذِينَ اتَّخَذُوا مِن دُونِهِ أَوْلِيَاءَ مَا نَعْبُدُهُمْ إِلَّا لِيُقَرِّبُونَا إِلَى اللَّهِ زُلْفَىٰ** ﴾.[54]

---

(48) الصافات، 83.
(49) مدرش 1، ص157.
(50) مدرش 1، ص233.
(51) الشورى، 13.
(52) العنكبوت، 61.
(53) الزخرف، 87.
(54) الزمر، 3.

ومن بين الأفكار الدينية التوحيدية ظهور تيارات دينية على فترات متقطعة في شبه الجزيرة العربية دعت الى توحيد عبادة الله، وناشدت بإلغاء كل حضور للأرباب من الطقوس الدينية، وأكدت أن الشعائر الدينية ينبغي ان تقام للخالق وحده بشكل مباشر دون وساطة الارباب، ودعت الى إسقاط الطقوس الربوبية ونسف التماثيل والاصنام، وتدمير معابد الأرباب، وإنهاء وجودها في الذهن الكنعاني، الذي كان يشكّل المحور الوثني في المنطقة. وقد أطلق على هذه التيارات التوحيدية في أرض الشام "حنفاء الجاهلية" الذي تزامن سعي زهادها أثر الضجة الصاخبة التي احدثتها في منطقة شبه الجزيرة العربية خطوة إبراهيم الحنيف عليه السلام في تحطيم أصنام مملكة بابل ومن ثم هجرته عليه السلام من أور الكلدانيين الى أرض كنعان، فوجدت فيه الجماعات الحنيفية نبياً الهياً عظيماً وقائداً ومرشداً. فانتشرت أصداء الدعوة الإبراهيمية التوحيدية على نطاق واسع في شبه الجزيرة العربية. ومع أن مشركي الجاهلية اتفقوا على اعتبار إبراهيم الخليل عليه السلام نبياً عظيماً، وأن الله تعالى هو واهب الحياة وخالق الاشياء إلا أنهم خلطوا تعليمات إبراهيم عليه السلام التوحيدية مع معتقداتهم الوثنية، ولذلك جاء لقبهم (الحنفاء المشركون).

وعلى مدى حوالي ألفٍ وخمسمائة سنة ، وهي الفترة بين (أنوش) حفيد آدم وإبراهيم عليه السلام رسخ الاعتقاد عند عامة الناس أنّ الشمس والقمر والنجوم وباقي الكواكب هي آلهة ، وبدأوا يعبدونها ، ويقدّموا لها القرابين ، معتقدين أنّها تعقل ، وتفهم ، وتستجيب لدعواهم ، واستمر حالهم هكذا ، حتى زمن الملك نمرود، ملك بابل، وولادة سيدنا إبراهيم عليه السلام الذي أيقضهم من غفلتهم وحذّرهم من انحرافهم ﴿**الْحَمْدُ لِلَّهِ الَّذِي خَلَقَ السَّمَوَاتِ وَالْأَرْضَ وَجَعَلَ الظُّلُمَاتِ وَالنُّورَ ثُمَّ الَّذِينَ كَفَرُوا بِرَبِّهِمْ يَعْدِلُونَ**﴾.[55]

من خلال هذا النصّ، نلاحظ أنّ القرآن يذكر عقيدة المشركين في الآية بعد حرف العطف "ثم" الذي يدل في اللغة العربية على الترتيب والتراخي، وهذا يُشير الى أن التوحيد كان في أوّل الأمر مبدأ فطرياً وعقيدة عامّة للبشر، ثم بعد ذلك حصل الشرك كانحراف عن الأصل الفطري. هم يعتقدون أنّ الخالق هو "الله" لكنّهم في آن واحد يؤمنون أنّ تدبير الأُمور هو بيد

(55) الانعام، 1.

الأوثان التي أطلقوا عليها أسم الآلهة ﴿ **ثُمَّ الَّذِينَ كَفَرُوا بِرَبِّهِمْ يَعْدِلُونَ**﴾،[56] وكانوا يؤدّون طقوس العبادة أمامها، كونها شريكة لله في العبادة، فهناك في معتقدهم فرق بين "الله" بمعنى الخالق، والـ"إله" بمعنى المعبود ، ولهذا تعددت آلهتهم، كما نوّهنا سابقاً، فهناك إله المطر، وإله الحرب، وإله السلم، وإله السماء، وإله القمر، وإله الشمس وما إلى ذلك.

واستمر الصراع بين أتباع التوحيد وعبدة الاوثان في فترات لاحقة بعد وفاة إبراهيم عليه السلام الى أجيال عديدة وأزمنة مديدة.

جاء من بعد إبراهيم عليه السلام موسى النبي عليه السلام حيث كلّفه الله بتحرير بني إسرائيل من عبودية فرعون وإخراجهم من أرض مصر الى الأرض المباركة التي وعدَ اللهُ إبراهيمَ عليه السلام ان يعطيها لنسله. كان الكنعانيون الوثنيون ما زالوا يسكنون الارض عندما قرب بنو إسرائيل من حدود أرض كنعان، فحذّر الله بني إسرائيل منهم قبل دخولهم إليها ، وحرم عليهم عبادة الاوثان، وحذّرهم من إقامة أي علاقة مع عابدي الأوثان، ومنعهم من مصاهرتهم، وأوجب عليهم أنْ يهدموا مذابحهم، ويكسروا أنصابهم، ويقطعوا سواريهم، ويحرقوا تماثيلهم. لكن بني إسرائيل وبعد سنين من دخولهم الأرض نسوا العهد مع الرب إله آبائهم ﴿ **فَطَالَ عَلَيْهِمُ الْأَمَدُ فَقَسَتْ قُلُوبُهُمْ** ﴾،[57] وساروا وراء آلهة الكنعانيين، وسجدوا لها وأغاظوا الرب، أي تركوا الرب وعبدوا (البعل وعشتاروث). فحمي غضب الرب على بني إسرائيل.

ثم أرسل الله تعالى السيد المسيح عليه السلام الى بني إسرائيل ليخلّصهم من خطاياهم، لكنهم لم يؤمنوا به وقاوموه، فتركهم وذهب الى (الجليل) موطن الوثنيين فآمنت به الجموع من الأمميين فأغناهم بحكمته وهذبهم بعلمه. ولما استمرت ذنوب بني إسرائيل، وتراكم عصيانهم سلّط الله عليهم البابليين ثم الرومان فهدموا معبدهم ونفوهم من أرضهم.

وهكذا استمر التساهل الدينى في المنطقة مما سمح بتعايش أنماط ومذاهب شديدة التنوع من العقائد التوحيدية مع العبادات الربوبية الوثنية،

---

(56) الانعام، 1. تتمة الاية السابقة.

(57) الحديد، 16.

واستمر الوثنيون على ضلالهم بلا رادع، واصبحت شبه الجزيرة العربية مستنقعاً لجهالاتهم وتقاليدهم المتخلفة **﴿وَاتَّخَذُوا مِن دُونِ اللَّهِ آلِهَةً لِّيَكُونُوا لَهُمْ عِزًّا كَلَّا سَيَكْفُرُونَ بِعِبَادَتِهِمْ وَيَكُونُونَ عَلَيْهِمْ ضِدًّا﴾**،[58] **﴿إِن تَدْعُوهُمْ لَا يَسْمَعُوا دُعَاءَكُمْ وَلَوْ سَمِعُوا مَا اسْتَجَابُوا لَكُمْ وَيَوْمَ الْقِيَامَةِ يَكْفُرُونَ بِشِرْكِكُمْ وَلَا يُنَبِّئُكَ مِثْلُ خَبِيرٍ﴾**،[59] واستمر الحال الى ان جاء الاسلام وأمر الله عز وجل نبيه محمداً صلى الله عليه وآله وصحبه وسلم، أن يتّبع ملة إبراهيم دين الله الحنيف **﴿فَاتَّبِعُوا مِلَّةَ إِبْرَاهِيمَ حَنِيفًا وَمَا كَانَ مِنَ الْمُشْرِكِينَ﴾**،[60] **﴿ثُمَّ أَوْحَيْنَا إِلَيْكَ أَنِ اتَّبِعْ مِلَّةَ إِبْرَاهِيمَ حَنِيفًا وَمَا كَانَ مِنَ الْمُشْرِكِينَ﴾**،[61] **﴿وَمَا أُمِرُوا إِلَّا لِيَعْبُدُوا اللَّهَ مُخْلِصِينَ لَهُ الدِّينَ حُنَفَاءَ وَيُقِيمُوا الصَّلَاةَ وَيُؤْتُوا الزَّكَاةَ وَذَٰلِكَ دِينُ الْقَيِّمَةِ﴾**،[62] فتابع الاسلام ملّة إبراهيم الحنيف عليه السلام ، وشنّ حرباً صارمة وبلا هوادة ضد عبدة الأصنام حتى تمكّن من تطهير شبه الجزيرة العربية من نجاساتهم.

الدين الإبراهيمي الحنيف:

(الحنيف) في السياق الديني من (حنف) يعني ترك عبادة قومه الى عبادة أخرى. فالحنيفيّ الموحد هو منْ نبذ عبادة الأصنام وكلَّ ما يتعلق بها من طقوس، وتمسّك بعبادة الله تعالى وحده ومارس ما فرض سبحانه عليه من عبادات. أما الحنيف المشرك فهو من خلط أو أشرك عبادة الله مع عبادة الأوثان وطقوسها، فالأول يميل الى حيث جهة الحق، والثاني يميل الى جهة الباطل، وشتان بن الحنيفيين.

يرافق لفظ الحنفاء في القرآن الكريم ذكر إبراهيم الخليل عليه السلام ويبدو أن الحنيفيّة نشطت وازدهرت في المنطقة العربية أيام إبراهيم الخليل عليه السلام ، ورافقت صدى خبره في مواجهته قومه الوثنيين وملكهم نمرود والضجة العظيمة التي سببتها حادثة تحطيم أصنامهم ورميه في النار وخروجه منها سالماً، ومن ثم هجرته الى أرض كنعان ، والا فإنّ جميع رسل الله من آدم

---

(58) مريم، 81.
(59) فاطر، 14.
(60) آل عمران، 95.
(61) النحل، 123.
(62) البينة، 5.

الى خاتمهم محمد عليهم جميعاً سلام الله وصلواته بعثوا لمهمة توحيد الله وعدم الشرك به والى نبذ عبادة الاصنام، وإن الأرض لم تخل ولن تخلو من الموحدين من يوم آدم الى يوم الدين.

إمتاز الحنفاء الموحدون بالمعرفة والحكمة والفلسفة في الدين، وبرز منهم الشعراء والكتاب، فهم بالنسبة لذلك الوقت كانوا الطبقة المثقفة التي نادت بالإصلاح ونبذ الأساطير والخرافات والرجوع الى دين الفطرة الذي لا يقرّ عبادة الاصنام والأوثان. ومن كتبهم الدينية (صحف إبراهيم)، كما اشار القرآن الكريم اليها باعتبارها كتباً توحيدية كانت متداولة قبل الاسلام، وأيضاً (مجلة لقمان) أو (صحف لقمان) التي كانت تتحدث عن محتوى دينيّ توحيديّ، إضافة الى أحكام وأمثال ومواعظ. وقد أشار القرآن الكريم الى لقمان بوصفه حكيماً وموحداً ﴿**وَلَقَدْ آتَيْنَا لُقْمَانَ الْحِكْمَةَ أَنِ اشْكُرْ لِلَّهِ وَمَن يَشْكُرْ فَإِنَّمَا يَشْكُرُ لِنَفْسِهِ وَمَن كَفَرَ فَإِنَّ اللَّهَ غَنِيٌّ حَمِيدٌ وَإِذْ قَالَ لُقْمَانُ لِابْنِهِ وَهُوَ يَعِظُهُ يَا بُنَيَّ لَا تُشْرِكْ بِاللَّهِ إِنَّ الشِّرْكَ لَظُلْمٌ عَظِيمٌ**﴾.[63] وسواءٌ أكانت مجلة لقمان هذه قد دُوّنت في عهده وعلى يده هو أم أنها كتبت في عهد حنفاء القرن السادس للميلاد ، فإن ذكرها يعكس وجود عقيدة دينية مكتوبة، خاصة بالحنفاء، يتداولون كتبها ويدعون اليها في مواسم الحج والأسواق الموسمية، وهو شئ يضعهم خارج إطار الفردية والعمل المرتجل ويجعلهم أقرب الى جماعة أو جماعات زهاد دينية.

لم ينتمِ الحنفاء الموحدون الى اليهود أو النصارى أو الصابئة بل كانوا طائفة مستقلة، إلا أنه يبدو أن الحنيفيين انتهلوا من التوراة والانجيل ما يطابق معتقداتهم التوحيدية على مر العصور. فكما نلمح حضوراً لمعتقدات النصرانية خاصة (النسطوريّة) و(الآريوسية) لدى الحنفاء متمثلة برفض عقيدة التثليث وألوهية يسوع، ومقولة الأب والابن ، نستطيع أن نرى بعض الطقوس الصابئية في عباداتهم كالوضوء قبل الصلاة، والاغتسال من الجنابة، وإقامة الصلاة ثلاث أوقات باليوم، والحضور القوي لإبراهيم عليه السلام في طقوسهم العبادية كالصلاة والوضوء والأذان والسجود نحو الكعبة التي رفع قواعدها إبراهيم وإسماعيل عليهما السلام ، والحج، والصوم، والختان

(63) لقمان، 12 و 13.

والتوحيد، ورفض عبادة الاصنام، والايمان بالبعث ويوم الحساب، وكذلك بعض الطقوس اليهودية كالختان والتطهير بالماء الجاري والامتناع عن أكل المحرمات وأمثالها. ولقد نسبت الى الأحناف الموحدين صفات مشتركة فيما بينهم منها توحيد الله ورفض الشرك، وأنهم لم يسجدوا لصنم، ولم يأكلوا من المذبوح للأنصاب، ولم يشربوا الخمر، بالإضافة الى طقوس التأمل التعبدي التي يمارسونها بالاعتكاف، وكانوا من أصحاب الفضائل.

لقد توزّع الحنفاء في معظم أرجاء شبه الجزيرة العربية كاليمن ومكة وبلاد الشام والبحرين وعمان وحضرموت وربما هيّأت لهم الاسواق التجارية الموسمية مكاناً للتبادل التجاري والثقافي كما أن الأديرة كانت محطات على طرق القوافل، وكانت بمثابة دور للعلوم الدينية. يبدو ان الحنفاء كانوا أفراد منتشرين بين البلدان أو جماعات صغيرة يمارسون نشاطهم التبشيري الاصلاحي بصفة فردية، وإن كانوا يشتركون فيما بينهم على توحيد الله ورفض الشرك ونبذ عبادة الاصنام. بمعنى آخر، أنهم لم يكونوا جماعات كبيرة منظّمة ذات تنسيق مركزي موحِّد ، بل كانوا فرقاً حنيفية اجتمعت على التوحيد، واختلفت في درجة نضجها، وتمايزت في نشاطها، بين منطقة جغرافية وأخرى، في شبه الجزيرة العربية.

إستمر وجود الحنيفية الى ما بعد الدعوة الاسلامية ونزول الوحي ويروى أن النبي محمد صلى الله عليه وآله وصحبه وسلم أدرك بعضهم وسمع خطبهم في سوق عكاظ وعجب من حسن كلامهم وحكمتهم، حيث رافق ظهورُ الاسلام عدداً من الحنفاء الموحدين أمثال (قسّ بن ساعدة)، (زيد بن عمرو)، (عمر بن جندب)، (ورقة بن نوفل) ابن عم خديجة الكبرى، (طليحة بن خويلد)، (أمية بن أبي الصلت)، (عبدالله بن جحش) وكثير غيرهم.

كما كان هناك عددٌ من الحنفاء المشركين في بداية الاسلام، وكانوا قبل فتح مكة يحجّون البيت الحرام في مكة على طريقتهم الوثنية، حيث كانوا يضعون اصنامهم حول الكعبة وينحرون لها الذبائح والقرابين ، واستمروا بفعلهم هذا الى ان تمَّ فتح مكة فطُهّرت الكعبة من نجاساتهم، ومُنحوا الخيار بين اعتناق الاسلام أو منعهم من الدخول الى البيت الحرام،

﴿ يَا أَيُّهَا الَّذِينَ آمَنُوا إِنَّمَا الْمُشْرِكُونَ نَجَسٌ فَلَا يَقْرَبُوا الْمَسْجِدَ الْحَرَامَ بَعْدَ عَامِهِمْ هَٰذَا ﴾.(64)

قدّم الإسلام عقيدةَ التوحيد المنزّهة بأرقى أشكالها، وأتبع الدين الإبراهيمي الحنيفي كما أمر الله تعالى رسوله بذلك **﴿ ثُمَّ أَوْحَيْنَا إِلَيْكَ أَنِ اتَّبِعْ مِلَّةَ إِبْرَاهِيمَ حَنِيفًا وَمَا كَانَ مِنَ الْمُشْرِكِينَ ﴾**،(65) ووضع حداً لظاهرة تعدد الآلهة والأرباب، وطهَّر شبه الجزيرة العربية من الاصنام وأوكار الوثنية. وقد ورد ذكر الدين الحنيف في عدة مواضع في القرآن الكريم، ومنها **﴿ وَقَالُوا كُونُوا هُودًا أَوْ نَصَارَىٰ تَهْتَدُوا قُلْ بَلْ مِلَّةَ إِبْرَاهِيمَ حَنِيفًا وَمَا كَانَ مِنَ الْمُشْرِكِينَ ﴾**،(66) **﴿ مَا كَانَ إِبْرَاهِيمُ يَهُودِيًّا وَلَا نَصْرَانِيًّا وَلَٰكِن كَانَ حَنِيفًا مُّسْلِمًا وَمَا كَانَ مِنَ الْمُشْرِكِينَ ﴾**،(67) **﴿ وَمَنْ أَحْسَنُ دِينًا مِّمَّنْ أَسْلَمَ وَجْهَهُ لِلَّهِ وَهُوَ مُحْسِنٌ وَاتَّبَعَ مِلَّةَ إِبْرَاهِيمَ حَنِيفًا وَاتَّخَذَ اللَّهُ إِبْرَاهِيمَ خَلِيلًا ﴾**،(68) **﴿ إِنِّي وَجَّهْتُ وَجْهِيَ لِلَّذِي فَطَرَ السَّمَاوَاتِ وَالْأَرْضَ حَنِيفًا وَمَا أَنَا مِنَ الْمُشْرِكِينَ ﴾**،(69) **﴿ قُلْ إِنَّنِي هَدَانِي رَبِّي إِلَىٰ صِرَاطٍ مُّسْتَقِيمٍ دِينًا قِيَمًا مِّلَّةَ إِبْرَاهِيمَ حَنِيفًا وَمَا كَانَ مِنَ الْمُشْرِكِينَ﴾**.(70)

منطق عبدة الأصنام:

إنّ أحد أسباب عبادة الأصنام هو أنّ مجموعة من الناس كانت تزعم أنّ الله سبحانه وتعالى أجلّ من أن يُحيط به الإدراك الإنساني من عقل أو وهم أو حسّ، فهو منزّه عن أن يكون مورداً للعبادة مباشرة، ولذا قالوا: من الواجب أن نتقرّب إليه بالتقرب إلى مقربيه من خلقه، وهم الذين فُوّض إليهم تدبيرُ شؤون العالم، فنتخذهم أرباباً وآلهة نعبدهم ونتقرب إليهم ليشفعوا لنا عند الله ويقربونا إليه زلفى، وهؤلاء هم الملائكة والجن وقديسو البشر **﴿وَيَعْبُدُونَ مِن دُونِ اللَّهِ مَا لَا يَضُرُّهُمْ وَلَا يَنفَعُهُمْ وَيَقُولُونَ هَٰؤُلَاءِ شُفَعَاؤُنَا عِندَ اللَّهِ قُلْ**

---

(64) التوبة، 28.
(65) النحل، 123.
(66) البقرة، 135.
(67) آل عمران، 67.
(68) النساء، 125.
(69) الأنعام، 79.
(70) الأنعام، 161.

أَتُنَبِّئُونَ اللَّهَ بِمَا لَا يَعْلَمُ فِي السَّمَاوَاتِ وَلَا فِي الْأَرْضِ سُبْحَانَهُ وَتَعَالَىٰ عَمَّا يُشْرِكُونَ﴾،(71) **﴿مَا نَعْبُدُهُمْ إِلَّا لِيُقَرِّبُونَا إِلَى اللَّهِ زُلْفَىٰ﴾**.(72)

ولما أحسّوا بعدم استطاعتهم الوصول إلى أولئك المقدسين، بنوا تماثيل لهم، وأخذوا يعبدونها. وبناءً على ذلك، فإنّ الأرباب في نظرهم، هم أُولئك الذين خلقهم الله وقرّبهم إلى نفسه، وفوّض إليهم تدبير شؤون العالم ، حسب زعمهم، وكانوا يعتبرون البارىء عزّوجلّ هو (ربّ الأرباب) وهو خالق عالم الوجود، ومن النادر أن يوجد من الوثنيين من يقول بأن هذه الأصنام المصنوعة من الحجر والخشب، أو حتى آلهتهم الوهمية، أي الملائكة والجن وأمثالهم، هي التي خلقت هذا الكون وأوجدته.

وبالطبع فإنّ هناك أسباباً أُخرى لعبادة الأصنام، ومنها أنّ الاحترام الفائق الذي يكنّونه في بعض الأحيان للأنبياء والصالحين يتسبب في احترام حتى التمثال الذي يُنحت أو يصنع لهم بعد وفاتهم، ومع مرور الزمن تأخذ هذه التماثيل طابعاً استقلالياً، ويتبدل الاحترام إلى عبادة.

وقد ورد في كتب التاريخ أنّ عرب الجاهلية كانوا يكنّون احتراماً فائقاً للكعبة الشريفة ولأرض مكّة المكرّمة، ولهذا كانوا يأخذون معهم قطعة حجر صغيرة من تلك الأرض عندما يذهبون إلى مكان آخر، ويُضفون عليها الاحترام والتقديس، ومن ثمّ يعمدون إلى عبادتها.

والقرآن المجيد يؤكّد بصورة خاصّة على أنّ الإنسان يستطيع أن يتصل بالله تعالى من دون أي واسطة، وأن يتحدث معه ويناجيه ويطلب منه حاجته، ويطلب العفو والتّوبة، فكلّ هذه الأُمور من الله وتحت تسلط قدرته، وأنّه تعالى أقرب الى الانسان من حبل وريده.

---

(71) يونس، 18.
(72) الزمر، 3.

كيف استدل إبراهيم على وجود الله في أوائل عمره؟

أولاً: رأي الفيلسوف التوراتيّ (موسى بن ميمون)

يذكر مفسّر التوراة العالم اليهودي (موسى بن ميمون) في كتابه «القانون اليهودي» أنّه لما بلغ إبراهيم عليه السلام سنّ الأربعين من عمره الشريف، إستنتج أنّ خالق الإنسان والشمس والقمر والنجوم والكون كلّه إله واحد، ولا خالقَ سواه، وأحسّ أنّ الناس كلّهم كانوا غافلين عن هذه الحقيقة. فبدأ يُحاجج الناس في مدينته (أور) في معبوداتهم، ويدعوهم إلى عبادة الله الخالق، المؤهل الوحيد للعبادة.

ويضيف (موسى بن ميمون) أنّ إبراهيم عليه السلام توصّل إلى الله الحقّ ووحدانيته في أوائل عمره ليس عن طريق الوحي الإلهي، أو قوى خارقة أخرى، بل عن طريق استخدام عقله وفطنته.

آمن نفرٌ قليل من الناس بإبراهيم عليه السلام في بداية أمره، وليس ذلك عن طريق عمل المعجزات، أو بدعوى أنّه مُلهم من الله، أو بوحي إلهيّ خاصّ، لكنّه كان يعظ الناس، ويفسّر لهم الظواهر الطبيعيّة حسب فهمه، ومنطقه العقلي، وتحليله للأمور.

كذلك يؤكد (موسى بن ميمون) أنّ الله تعالى كلّم إبراهيم عليه السلام عندما كان عمره خمساً وسبعين سنة، ونصحه بالخروج من وطنه «**وَكَانَ أَبْرَامُ ابْنَ خَمْسٍ وَسَبْعِينَ سَنَةً لَمَّا خَرَجَ مِنْ حَارَانَ**».[73]

---

(73) سفر التكوين، 12:4.

ثانياً: رأي القرآن:

نستنتج من الآيات القرآنية الكريمة أنّ إبراهيم عليه السلام توصّل إلى أصل التوحيد ، والى حاكمية الله المطلقة على عالم الوجود ، في أوائل عمره ، عن طريق الاستدلال العقلي ، وكان ذلك قبل ان ينزل عليه الوحي أو يكلّمه الله. حيث لم يقتنع إبراهيم عليه السلام منطقياً منذ طفولته كون الاصنام آلهة ، وكثيراً ما كان يسأل الذين يشترون الأوثان كم عُمرك؟ فيجيب: خمسون أو ستون سنة مثلاً. ثمّ يسأله هل يليق بك أن تعبد صنماً عُمل البارحة ؟ كيف يكون هذا الصنم الهاً خالقاً لك وانت أكبر منه بستين سنة! فالمعبود يجب أن يكون خالق الإنسان ، وليس صنيعةَ يده. فهل من المعقول أن يعبد الانسان شيئاً من صُنعِ يديه ؟!! ﴿ **قَالَ أَتَعْبُدُونَ مَا تَنحِتُونَ** ﴾.(74)

وبتعبير آخر: إنّ العبادة يجب أن تكون لمن له القدرة على حلّ المشاكل ، ويدرك عباده وحاجاتِهم ، سميعٌ بصيرٌ ، إلّا أنّ هذه الأصنام فاقدة لكل ذلك. ثمّ إنّ هذه التماثيل لا تشرب ، ولا تأكل ، ولا تتكلم ، ولا تستطيع ان تُقيم نفسها لو قلبها أحد على جنبها ، فكيف يعقل الناس أنّ هذه التماثيل تضرّ وتنفع؟!

كان إبراهيم عليه السلام يُفكّر منطقياً منذ نعومة أظفاره في معرفة الخالق ، ولكي يعثر على المعبود الذي كان يجده بفطرته النقية في أعماق ذاته ووجدانه، كان يبحث عن مصداقه الحقيقي ، ويريد أن يصل عن طريق الاستدلال العقلي الأوضح إلى درجة (اليقين) حتى يحاجج به قومه.

كان قومه يعتبرون القمر والشمس والنجوم آلهة. بينما كان إبراهيم عليه السلام يُفكّر ويسأل نفسه: إذا لم تكن هذه المخلوقات آلهة فمن خلقها ؟ من هو إله القمر والنجوم والشمس؟ من الذي يُحرّك هذه الكواكب ؟ كيف يُمكن ان تتحرك هذه الكواكب ويتعاقب الليل والنهار دون مسيّر لها ؟ الجميع في محيطه كانوا يعبدون الأصنام ، ولا أحد يستطيع أن يُجيبه على تساؤلاته، إلّا أنّ قلبَه كان يُعلمه شيئاً آخر.

---

(74) الصافات، 95.

تعكس أسئلته تلك أنّ إبراهيم عليه السلام كان ذكياً، ويملك استدلالاً منطقياً، وإلهاماً فطرياً بوحدانية الله، ونستنتج ايضاً أنّ إبراهيم عليه السلام كان يمتلك الذهنية الناضجة، والمواهب اللازمة لتحليل الأمور، للوصول إلى المقصد والغاية، وجميع هذه القدرات في واقعها هي من فضل الله عليه، وأنّه تعالى يوقعها في القلوب المستعدة كقلب إبراهيم عليه السلام ﴿ **وَتِلْكَ حُجَّتُنَا آتَيْنَاهَا إِبْرَاهِيمَ عَلَى قَوْمِهِ نَرْفَعُ دَرَجَاتٍ مَّن نَّشَاء إِنَّ رَبَّكَ حَكِيمٌ عَلِيمٌ** ﴾.[75]

ويضيف تعالى أنّه آتاه رشده ونضجه من قبل ﴿ **وَلَقَدْ آتَيْنَا إِبْرَاهِيمَ رُشْدَهُ مِن قَبْلُ وَكُنَّا بِه عَالِمِينَ** ﴾.[76] والرشد هو الرأي الصائب الموافق للحقيقة والواقع، ولذلك يُسمّى الانسان الذي تكون أغلب آرائه صائبة بالإنسان الرشيد، فقد بان رشد إبراهيم عليه السلام عندما احتجّ في أوائل عمره على أبيه وقومه بعدم الفائدة من عبادة التماثيل ﴿ **إِذْ قَالَ لِأَبِيهِ وَقَوْمِهِ مَا هَذِهِ التَّمَاثِيلُ الَّتِي أَنتُم لَهَا عَاكِفُونَ** ﴾.[77]

كما منحه تعالى القلب السليم أي الخالي من حُبّ الدنيا، والخالص من المعاصي، والظلم والنفاق، قلب لا يوجد فيه شيء سوى الله تعالى ﴿ **إِذْ جَاء رَبَّهُ بِقَلْبٍ سَلِيمٍ** ﴾.[78] وبدوره حافظ إبراهيم عليه السلام على نقاء قلبه وسلامته ولم يكدّره بملوّثات البيئة، بمعنى أنّ الله تعالى منحه القلب السليم بفطرته الصافية، ورجع الى الله تعالى بقلب سليم لم تدنّسه الخواطر الشيطانيّة الباطلة.

وكما هو معروف فإنّ كلمة (القلب) تعني في الاصطلاح القرآني (الروح والعقل)، ولهذا فإنّ القلب السليم أيضاً يعني الروح الطاهرة السالمة، الخالية من كافّة أشكال الشرك والشكّ والفساد. عليه السلام .

كيف استدل إبراهيم على وجود الله في أوائل عمره؟ استدل إبراهيم عليه السلام من أُفول النجوم والقمر والشمس على عدم ربوبيتها، فعندما رأى الكوكب قال لعَبَدة الكواكب: هذا الكوكب ربّي، ولكنّه إذ رآه يغرب، قال لهم: لا أحبّ

(75) الأنعام، 83.
(76) الأنبياء، 51.
(77) الأنبياء، 52.
(78) الصافات، 84.

الذين يغربون ﴿ **فَلَمَّا جَنَّ عَلَيهِ اللَّيلُ رَأَى كَوكَباً قَالَ هَذَا رَبِّي فَلَمَّا أَفَلَ قَالَ لا أُحِبُّ الآفِلِينَ** ﴾.(79)

ولما رأى القمر بازغاً ، قال لعبَدة القمر: هذا ربّي ، ولكنّ مصيرَ القمر لم يكن بأفضلَ من مصير الكوكب قبله عندما اختفى ﴿ **فَلَمَّا رَأَى القَمَرَ بَازِغاً قَالَ هَذَا رَبِّي فَلَمَّا أَفَلَ قَالَ لَئِن لَّم يَهدِنِي رَبِّي لأَكُونَنَّ مِنَ القَومِ الضَّالِّينَ** ﴾.(80)

وعندما رأى الشمس بازغةً ، قال لعَبَدة الشمس: هذا ربّي ، ولكنّه إذ رآها تغرب وتختفي في جوف الليل البهيم ، أعلن عليه السلام قرارَه النهائي، قائلاً: يا قوم! لقد سئمت كل هذه المعبودات التي تجعلونها شريكة لله ﴿ **فَلَمَّا رَأَى الشَّمسَ بَازِغَةً قَالَ هَذَا رَبِّي هَذَا أَكبَرُ فَلَمَّا أَفَلَت قَالَ يَا قَومِ إِنِّي بَرِيءٌ مِّمَّا تُشرِكُونَ** ﴾.(81)

استنتج إبراهيم عليه السلام من تعاقب الليل والنهار بانتظام وأفول النجوم والشمس والقمر في أوقات محددة، أنها خاضعة لقوانين وضعها لها إلهٌ قادرٌ ، وهو حاكم عليها ، كما انه هو خالقها ، ولا أملك أيَّ شك في ذلك ﴿ **إِنِّي وَجَّهتُ وَجهِيَ لِلَّذِي فَطَرَ السَّمَاوَاتِ وَالأَرضَ حَنِيفاً وَمَا أَنَا مِنَ المُشرِكِينَ** ﴾.(82)

فهو خالق الأرض والسماء ، ومالك الوقت والزمان ، ويجب السجود لهذا الخالق ، وحمده وعبادته وحده. كان إبراهيم عليه السلام يقول هذا الكلام أثناء مخاطبته عَبَدة النجوم والشمس والقمر، فيظهر في بداية حديثه أنّه معهم لاستدراجهم إلى سماع الحُجّة، وهذا ما يُطلق عليه في المناظرات (مجاراة الخصم).

يسألهم عليه السلام إنكم تقولون: إنّ هذا الكوكب هو الرب؟ حسناً ، ولكن حينما اختفى الكوكب اتخذ إبراهيم عليه السلام من هذا الأُفول سلاحاً حسّيّا

---

(79) الأنعام، 76.
(80) الأنعام، 77.
(81) الأنعام، 78.
(82) الأنعام، 79.

يواجههم به ، فقال: لا يمكن أن يكون هذا هو الربّ وهو عرضة للنقصان والتقلّبات. وأشكل إبراهيم ﷺ بنفس الإشكال على عبدة القمر والشمس ، فأبطل فرضيّاتهم جميعاً ، واثبت ذلك لهم منطقياً من طرق ثلاثة ، هي:

1. الربوبية تعني التدبير وإدارة العالم وتصريف شؤونه، وأنَّ الربّ هو المربي والممول الذي يفيض بالوجود على خلقه باستمرار ، وأنّه لابدّ أن يكون دائماً قريباً من مخلوقاته ، وأن لا ينفصل عنهم ويتركهم وشأنهم لحظة واحدة؛ لأنّ ديمومة حياتهم تعتمد عليه ، فالرب هو الذي يزود أرواحنا بالطاقة في كل لحظة حتى نبقى أحياء ويمنحنا القدرة على الفهم والسمع والنطق والبصر والحركة وغيرها في كل لحظة ، ولهذا لا يجوز لكائن كالشمس والقمر ان يغرب ويختفي ساعات طويلة ، وتنقطع صلته كلّياً عن الكائنات الأُخرى ، أن يكون ربّاً أو إلهاً.

2. إنّ كائناً يغرب تارةً ويبزغ تارةً أخرى، فإنّه يخضع لقوانين تُسيّره ، ولا يمكن له أن يحكم على هذه القوانين ويملكها ، لأنّه هو نفسه خاضع لأوامرها ، وغير قادر على أدنى انحراف أو مخالفة لها ، فهو لا يمكن أن يكون ربّاً أو إلهاً.

3. إنّ الكائن المتحرّك كالشمس والقمر يدلّ على الحدوث ، أيّ إنه مُحتاج إلى من يُحدثه ويُحرّكه ، فلا يمكن أن يكون المحتاج الى غيره، والى مُحدثٍ يُحدثه، ومحرّكٍ يُحرّكه، ربّاً أو إلهاً.

استطاع إبراهيم ﷺ بمنطقه العقلانيّ السلس والعميق ان يزرع في نفوسهم الشكّ في معبوداتهم ، ولكنّهم استغرقوا بالمحاجّة والجدل ، وهددوه بغضب آلهتهم وعقابها ، في محاولة لإرعابه وإخافته. فأجابهم عليه السلام كيف أخشى الأصنام ويستولي عليّ الخوف من تهديدكم ، مع أنّي لا أرى في أصنامكم أثراً للعقل والإدراك والشعور والقوة والعلم ، أمّا أنتم فعلى الرغم من إيمانكم بوجود الله وإقراركم له بالعلم والقدرة ، ومعرفتكم بأنّه لم يأمركم بعبادة هذه الأصنام ، فإنكم لا تخافون غضبَه، فأي منّا أحقّ بالأمن ؟! ﴿ **وَحَاجَّهُ قَوْمُهُ قَالَ أَتُحَاجُّونِّي فِي اللهِ وَقَدْ هَدَانِ وَلاَ أَخَافُ مَا تُشْرِكُونَ بِهِ إِلّا أَن يَشَاء رَبِّي شَيْئاً وَسِعَ رَبِّي كُلَّ شَيْءٍ عِلماً أَفَلاَ تَتَذَكَّرُونَ * وَكَيْفَ أَخَافُ**

مَا أَشرَكتُم وَلاَ تَخَافُونَ أَنَّكُم أَشرَكتُم بِاللهِ مَا لَم يُنَزِّل بِهِ عَلَيكُم سُلطَاناً فَأَيُّ الفَرِيقَينِ أَحَقُّ بِالأَمنِ إن كُنتُم تَعلَمُونَ ﴾.[83]

إنّنا نعرف أنّ المشركين من عبدة الأصنام لم ينكروا وجود الله خالق السموات والأرض ، بل كانوا يعتقدون بالله أيضاً، ويسمّونه ربّ الأرباب، ويعظّمونه ويحترمونه، ولكنّهم كانوا يُشركون الأصنام في عبادته ، ويعتبرونها شفيعة لهم، ومنبعاً للخير والبركة والنعمة. كما وقد أشير إلى منطق المشركين في عصر الجاهلية حيث كانوا يقولون: إنّما نعبد الأصنام لأنّنا لا نمتلك الأهلية لعبادة الله، فنعبدها لتقربنا إلى الله!! وإنّ الله مثل ملك عظيم لا يصل إليه إلاّ الوزراء والخواص، وما على عوام الناس إلاّ أن تتقرب للحاشية والخواص لتصل إلى خدمة الله! يشبهون الله سبحانه وتعالى بالإنسان المحدود والموجودات المحدودة من غير علم، ولذا يجيبهم القرآن الكريم قائلا: ﴿**فَلاَ تَضْرِبُوا لِلَّهِ الأَمْثَالَ**﴾.[84]

---

(83) الأنعام، 80 و81.
(84) النحل، 74.

كيف استيقن إبراهيم من وحدانية الله ؟

الوصول الى مرتبة اليقين:

بعدما استدلّ إبراهيم عليه السلام على وجود الرب من أفول النجوم والقمر والشمس، أبطل أُلوهيّتها وربوبيتها ، وقال لأفراد قومه في بابل: إني برئ مما تشركون ﴿ **إِنِّي وَجَّهتُ وَجهِيَ لِلَّذِي فَطَرَ السَّمَاوَاتِ وَالأَرضَ حَنِيفاً وَمَا أَنَا مِنَ المُشرِكِينَ** ﴾.(85)

فكافأه الله تعالى وأفاض على قلبه اليقين. كيف ؟

كشف اللهُ تعالى له السماوات والارض ، فنظر إبراهيم عليه السلام بعينيه ملكوت (ملكوت هي صيغة مبالغة للمُلك) السماوات ، **أي** الشمس والقمر والنجوم حتى انتهى بصره إلى العرش ، ورأى عبادة الملائكة ، كما نظر بعينيه ملكوت الأرض ، أي الجبال والشجر والبحار ، ورأى تصرفات العباد الحسنة والقبيحة. يعني أنّ الله تعالى أراه الأدلّة والبراهين ، والأسرار والعلانية ، وحكومة الله المطلقة على عالم الوجود برمته؛ ليكون ممّن يوقن بعلم كلّ شيء حسّاً لا خبراً، ويُقرّ بتوحيد الله جلّ جلاله. أخذته العنايةُ الربانية ، فأشهدت له أنّ المُلك لله وحده ، لا يملك شيء سواه لنفسه شيئاً إلّا به ، لا ربّ سواه ، ﴿ **وَكَذَلِكَ نُرِي إِبرَاهِيمَ مَلَكُوتَ السَّمَاوَاتِ وَالأَرضِ وَلِيَكُونَ مِنَ المُوقِنِينَ** ﴾.(86) واليقين هو العلم الذي لا يشوبه شكّ بوجه من الوجوه.

---

(85) الأنعام، 79.
(86) الأنعام، 75.

ونظير ذلك الإسراء والمعراج ﴿ **سُبحَانَ الَّذِي أَسرَى بِعَبدِهِ لَيلاً مِّنَ المَسجِدِ الحَرَامِ إِلَى المَسجِدِ الأَقصَى الَّذِي بَارَكنَا حَولَهُ لِنُرِيَهُ مِن آيَاتِنَا إِنَّهُ هُوَ السَّمِيعُ البَصِيرُ** ﴾،[87] وقال تعالى: ﴿ **مَا زَاغَ البَصَرُ وَمَا طَغَى * لَقَد رَأَى مِن آيَاتِ رَبِّهِ الكُبرَى** ﴾.[88]

الوصول الى مرتبة التسليم:

بعد حصول إبراهيم عليه السلام على علم اليقين في توحيد الله وملكوته، قال له ربّه أسلم: ﴿ **إذ قَالَ لَهُ رَبُّهُ أَسلِم قَالَ أَسلَمتُ لِرَبِّ العَالَمِينَ** ﴾،[89] والتسليم لله يعني الانقياد والقبول منه لما يرد عليه من الله سبحانه من أمرٍ أو نهيٍ. التسليم هو مرتبة فوق الرضا، فيصير طبع الانسان وموافقته ومخالفته كلها مفوّضة الى الله.

وقد وصفه الله تعالى بالعبودية له ﴿ **وَاذكُر عِبَادَنَا إبرَاهِيمَ وَإِسحَقَ وَيَعقُوبَ أُولِي الأَيدِي وَالأَبصَارِ** ﴾،[90] التي تعني التبعية المطلقة لله ، و الاستسلام الكامل لإرادته ، والاستعداد لتنفيذ أوامره في كلّ الأحوال. العبودية لله تعني عدم الاحتياج لغيره ، وعدم التوجّه لسواه ، بل التفكّر بلطفه ورحمته فقط ، وهذا هو أوج تكامل الإنسان ، وأفضل شرف له.

إضافة إلى ذهنيّته الناضجة الوقّادة ، واستدلالاته المنطقيّة ، ورشده القائم على التفكير الحرّ ﴿ **وَلَقَد آتَينَا إِبرَاهِيمَ رُشدَهُ مِن قَبلُ وَكُنَّا بِهِ عَالِمِينَ** ﴾،[91] كان إبراهيم عليه السلام يملك قدرة إدراك وتشخيص قويين وبصيرة ثاقبة ، وقوّة جسمية متينة وقدرة عقلية حادة ﴿ **أُولِي الأَيدِي وَالأَبصَارِ** ﴾.[92]

وكان إبراهيم عليه السلام نبياً ﴿ **وَاذكُر فِي الكِتَابِ إبرَاهِيمَ إِنَّهُ كَانَ صِدِّيقاً نَّبِيّاً * إذ قَالَ لِأَبِيهِ يَا أَبَتِ لِمَ تَعبُدُ مَا لا يَسمَعُ وَلا يُبصِرُ وَلا يُغنِي عَنكَ شَيئاً** ﴾.[93]

---

(87) الإسراء، 1.
(88) النجم، 17 و18.
(89) البقرة، 131.
(90) ص، 45.
(91) الأنبياء، 51.
(92) ص، 45. تتمة الآية السابقة.
(93) مريم، 41 و 42.

وقد أوحى اليه الله تعالى ﴿ **إِنَّا أَوحَينَا إِلَيكَ كَمَا أَوحَينَا إِلَى نُوحٍ وَالنَّبِيِّينَ مِن بَعدِهِ وَأَوحَينَا إِلَى إِبرَاهِيمَ وَإِسمَاعِيلَ وَإِسحَقَ وَيَعقُوبَ وَالأَسبَاطِ وَعِيسَى وَأَيُّوبَ وَيُونُسَ وَهَارُونَ وَسُلَيمَانَ وَآتَينَا دَاوُودَ زَبُوراً** ﴾،[94] وأنزل عليه صحفاً ﴿ **صُحُفِ إِبرَاهِيمَ وَمُوسَى** ﴾،[95] وأوصاه تعالى بنفس الشريعة والتعليم الالهي الذي وصّى به الرسل من قبل ومن بعد؛ لأنّ الأصول العامة للعقائد والقوانين والتعليمات واحدة في دين الله بما فيه من عقائد التوحيد والعبادات والبشارة والانذار﴿ **شَرَعَ لَكُم مِّنَ الدِّينِ مَا وَصَّى بِهِ نُوحاً وَالَّذِي أَوحَينَا إِلَيكَ وَمَا وَصَّينَا بِهِ إِبرَاهِيمَ وَمُوسَى وَعِيسَى أَن أَقِيمُوا الدِّينَ وَلا تَتَفَرَّقُوا فِيهِ كَبُرَ عَلَى المُشرِكِينَ مَا تَدعُوهُم إِلَيهِ اللهُ يَجتَبِي إِلَيهِ مَن يَشَاء وَيَهدِي إِلَيهِ مَن يُنِيبُ** ﴾.[96]

قوّتا (العلم) و(القدرة)

إنّ الإنسان يحتاج إلى قوّتين لتحقيق أهدافه: (العلم) و(القدرة) ، وكان إبراهيم عليه السلام على مستوى عالٍ من المعرفة ، وبضمنها أسرار الخلق وخفايا الحياة؛ حيث أراه الله تعالى ملكوت السماوات والارض ، وكان ذا إرادة قويّة وتصميم راسخ وقدرة جسمية قوية وقدرة عقلية فائقة.

كان إبراهيم عليه السلام قدوة لكلّ السائرين في طريق الحقّ ، وكان يتطلّع إلى عالم آخر ، وأُفق نظره لا ينتهي عند الحياة الدنيا ولذّاتها المحدودة ، بل كان يتطلّع إلى ما وراءها من حياة أبدية ونعيم دائم ، ولهذا كان يبذل الجهد ويسعى غاية السعي لنيل الدار الآخرة ﴿ **إِنَّا أَخلَصنَاهُم بِخَالِصَةٍ ذِكرَى الدَّارِ** ﴾.[97] كان يعمل، ويذَكّر الناس بالدار الآخرة، ويدعوهم إلى طاعة الله في الدنيا. فنال إبراهيم عليه السلام المقام السامي لقيادة الأمة ، وكافأه الله خير الجزاء ، ودام ذكره على مدى الأزمان.

إنّ إيمانه الراسخ ، وعمله الصالح ، كانا السبب في اصطفاء البارئ عزّ وجلّ له من بين الناس لأداء مهام النبوّة ، وحمل الرسالة ، ووصل إلى

(94) النساء، 163.
(95) الاعلى، 19.
(96) الشورى، 13.
(97) ص، 46.

درجة أو مقام استحقّ معه بحقّ إطلاق كلمة (الأخيار) عليه ، فأفكاره سليمة ، وأخلاقه رفيعة ، وتصرفاته وأعماله طوال حياته متّزنة ﴿ **وَإِنَّهُمْ عِندَنَا لَمِنَ الْمُصْطَفَيْنَ الْأَخْيَارِ** ﴾.(98)

مراحل إبراهيم عليه السلام الإيمانية:

لقد فكّرتُ كثيراً في مؤهلات هذا النبيّ العظيم ، وتدبّرتُ شخصيته ، وتجرأتُ ان أُقسّم حياته الإيمانيّة إلى ثلاثة مراحل:

المرحلة الأولى: هي مرحلة (الاعتقاد بوجود الله):

وهي مرحلة طفولته وشبابه ، وربما استمرّت إلى الاربعين من عمره ، والتي تميّزت باستدلالاته المنطقية ، التي عكست مؤهلاته الذهنية الناضجة ، وبصيرته الثاقبة ، ورشده، وجميعها تمثل فضل الله عليه ، وقد تكون بمجموعها هبةً تكوينية ، أنبتها القدير في نفس هذا المصطفى النبيّ العظيم منذ ولادته ﴿ **وَالَّذِينَ جَاهَدُوا فِينَا لَنَهْدِيَنَّهُمْ سُبُلَنَا وَإِنَّ اللَّهَ لَمَعَ الْمُحْسِنِينَ** ﴾.(99) كان عليه السلام يعتقد خلال هذه المرحلة بعدم الفائدة من الاصنام والاوثان، وبوجود خالق ومدبر للكون حسب فطرته وفطنته، لكن الله لم يكلمه بعد ولم يبعث له وحياً.

المرحلة الثانية: هي مرحلة (اليقين):

في هذه المرحلة استيقن إبراهيم عليه السلام بوحدانية الله الخالق ، والربّ المدبّر ، التي عكست فضل الله تعالى عليه أيضاً ، وهباته التشريعية متمثّلة بالنبوّة واطلاعه على أسرار الملك والملكوت ، والرسالة، والتي عَكَسها لقومه وللبشرية على مدى التاريخ في نموذج نجاحاته الفائقة في الاختبارات الإلهية المتكرّرة.

كما نال إبراهيم عليه السلام المقام السامي لقيادة الأمة ، وكافأه الله خير الجزاء ، ودام ذكره على مدى الأزمان. فلم يكن إبراهيم عليه السلام من أنصار أصل التوحيد ،

---

(98) ص، 47.
(99) العنكبوت، 69.

ومحاربة كلّ اشكال الشرك طوال حياته فحسب ، بل إنّه بذل قصارى جهده من أجل إبقاء كلمة التوحيد في هذا العالم إلى الأبد ، وجعلها كلمة باقية في عقبه لعلّهم يرجعون ﴿ **وَجَعَلَهَا كَلِمَةً بَاقِيَةً فِي عَقِبِهِ لَعَلَّهُم يَرجِعُونَ** ﴾.[100]

المرحلة الثالثة: هي مرحلة (التسليم):

والتسليم لله يعني الانقياد والقبول منه لما يرد عليه من الله سبحانه من أمرٍ أو نهيٍ. التسليم هو مرتبة فوق الرضا، فيصير طبع الانسان وموافقته ومخالفته كلها مفوَّضة الى الله. أصبح إبراهيم عليه السلام بمرتبة التسليم الصِرف لما يريده المولى ويرتضيه ، وبدأ عليه السلام ينفّذ كلّ ما يأمره به الله تعالى دون سؤال أو تردد ، مثلاً: أبعِد زوجتك ، إذبح ابنك ، أُخرج من أرضك وبيت أهلك ، وغيرها التي وردت في الاختبارات الالهية لإبراهيم عليه السلام ، كما سنرى. وسأعود الى التعليق على هذه المرحلة عند الحديث في دروس وعِبَر من قصة إبراهيم عليه السلام ، الصفحة 132.

(100) الزخرف، 28.

مواجهة إبراهيم أباه

بعد ما استيقن إبراهيم عليه السلام من وحدانية الله تعالى ، وأنّه خالق الكون ومدبّره، صارح أباه بعدم فائدة عبادة الاصنام ﴿ **إِذْ قَالَ لِأَبِيهِ يَا أَبَتِ لِمَ تَعْبُدُ مَا لَا يَسْمَعُ وَلَا يُبْصِرُ وَلَا يُغْنِي عَنكَ شَيْئاً** ﴾.(101) وأضاف أنّ عنده علم يهدي الى صراطٍ مستقيم ﴿ **يَا أَبَتِ إِنِّي قَدْ جَاءنِي مِنَ الْعِلْمِ مَا لَمْ يَأْتِكَ فَاتَّبِعْنِي أَهْدِكَ صِرَاطاً سَوِيّاً** ﴾(102) فاقبل نصيحتي ، أرشدك إلى دين مستقيم فيه نجاتك.

ووضّح إبراهيم عليه السلام لأبيه قائلاً: لماذا تتجه إلى معبود ليس عاجزاً عن حلّ مشكلة من مشاكلك وحسب ، بل إنّه لا يملك أصلاً القدرة على السمع والبصر. فالعبادة يجب أن تكون لمن له القدرة على حلّ المشاكل ، ويُدرك عباده وحاجاتهم ، سميع بصير ، وهذه الأصنام فاقدة لكلّ ذلك ، يا أبت إني أراك وقومك في ضلال مبين ﴿ **وَإِذْ قَالَ إِبْرَاهِيمُ لأَبِيهِ آزَرَ أَتَتَّخِذُ أَصْنَاماً آلِهَةً إِنِّي أَرَاكَ وَقَوْمَكَ فِي ضَلاَلٍ مُّبِينٍ** ﴾.(103)

وأضاف له أنّ الشيطان هو الذي يُسوّل له ولقومه الضلال والكفر وعبادة الأصنام ، ونصحه أن لا يعبد الشيطان ﴿ **يَا أَبَتِ لَا تَعْبُدِ الشَّيْطَانَ إِنَّ الشَّيْطَانَ كَانَ لِلرَّحْمَنِ عَصِيّاً** ﴾.(104)

من الواضح أنّ العبادة هنا لا تعني السجود ، والصلاة ، والصوم للشيطان ، بل بمعنى الطاعة ، واتّباع الوساوس الشيطانية ، وهذا بنفسه يعتبر نوعاً من العبادة. ثمّ ينبه أباه الى عواقب الشرك وعبادة الأصنام

---

(101) مريم، 42.
(102) مريم، 43.
(103) الأنعام، 74.
(104) مريم، 44.

المشؤومة ﴿ **يَا أَبَتِ إِنِّي أَخَافُ أَن يَمَسَّكَ عَذَابٌ مِّنَ الرَّحمَن فَتَكُونَ لِلشَّيطَانِ وَلِيّاً** ﴾.[105]

دعا إبراهيم عليه السلام أباه لاتّباعه مع كبر سنّه وشهرته في المجتمع ، وذكر له مؤهلاته ، قائلاً: (إنّي قد جاءني من العلم ما لم يأتك). إنّ هذا قانوناً عامّا في أنّ الذين لا يعلمون يتّبعون العالمين فيما يجهلونه.

كانت كلمات إبراهيم عليه السلام لأبيه ممتزجة باللطف واللين في طريق الهداية، وكان يكرر خطابه لأبية بكلمة الأبوة المملوءة حبّاً واحتراماً "يا أبت": يا أبت لم تعبد ما لا يسمع ولا يبصر ولا يغني عنك شيئاً، يا أبت إنّي قد جاءني من العلم ما لم يأتك، يا أبت لا تعبد الشيطان، يا أبت إني أخاف ان يمسك عذاب من الرحمن، وغيرها، لكنّ حرص وتحرّق إبراهيم عليه السلام وبيانه الغني العميق لم ينفذ إلى قلب أبيه ، بل كانت ردّة فعل الأب عنيفة ، حيث غضب غضبًا شديدًا ، وحسب تصرف إبراهيم عليه السلام تمرّداً على معتقدات آبائه ، فتوعّده بالطرد من المنزل والرجم إذا لم يكف عن إهانة الأصنام والتشكيك بألوهيتها ﴿ **قَالَ أَرَاغِبٌ أَنتَ عَن آلِهَتِي يَا إبراهِيمُ لَئِن لَّم تَنتَهِ لأَرجُمَنَّكَ وَاهجُرنِي مَلِيّاً** ﴾.[106]

لكن إبراهيم عليه السلام قابل غلظة ، وحدّة ، وخشونة أبيه وتهديده بالطيبة ، ووعده بطلب مغفرة الله له ، وقال له سلام عليك! وكان سلام التوديع ، أي قصد ترك أبيه ﴿ **قَالَ سَلامٌ عَلَيكَ سَأَستَغفِرُ لَكَ رَبِّي إِنَّهُ كَانَ بِي حَفِيّاً** ﴾.[107]

---

(105) مريم، 45.
(106) مريم، 46.
(107) مريم، 47.

مواجهة إبراهيم نمرود وقومه

بدأ إبراهيم عليه السلام بدعوة أبيه أولاً، وتذكيره بأنّ هذه الأصنام لا تضرّ، ولا تنفع، وكان يخاطبُه بكلمات أبوية رقيقة، ثمّ انتقل إلى دعوة قومه؛ واتبع معهم أسلوب المناظرة أوّلاً بترك عبادة الأصنام، وحاجَجهم في عبادة النجوم والشمس والقمر، وأخيراً ناظر النمرود؛ وهو ملك بابل، فلمّا رأى منهم صدوداً حطّم أصنامهم.

أُدخل إبراهيم عليه السلام إلى الملك نمرود ، و كان أتباعه قد اتخذوه ربّاً ، فسأل نمرود إبراهيم (من هو الاله الذي تدعو اليه؟). فأجابه (ربي الذي يحيي و يميت) ، فاتخذ نمرود طريق المجادلة والسفسطة وتزييّف الحقائق لإغفال الناس والملأ من حوله ، وقال: أنا أُحيي وأُميت ، فأمر بقتل أسير ، وأطلق آخر ، لإثبات دعواه الكاذبة. لكن إبراهيم عليه السلام أحبط حيلته ، وكشف زيفه ، وحاجّه إنّ الله يأتي بالشمس من المشرق ، فأتِ بها من المغرب ، فبهت (نمرود) ﴿ **أَلَم تَرَ إِلَى الَّذِي حَاجَّ إِبرَاهِيمَ فِي رِبِّهِ أَن آتَاهُ اللهُ المُلكَ إِذ قَالَ إِبرَاهِيمُ رَبِّيَ الَّذِي يُحيِي وَيُمِيتُ قَالَ أَنَا أُحيِي وَأُمِيتُ قَالَ إِبرَاهِيمُ فَإِنَّ اللهَ يَأتِي بِالشَّمسِ مِنَ المَشرِقِ فَأتِ بِهَا مِنَ المَغرِبِ فَبُهِتَ الَّذِي كَفَرَ وَاللهُ لاَ يَهدِي القَومَ الظَّالِمِينَ** ﴾.(108)

استمر النقاش بين إبراهيم ونمرود وقومه، واتبّع إبراهيم عليه السلام في نقاشه معهم أسلوب المناظرة. فسأل إبراهيم عليه السلام نمرود وقومه (ما تعبدون ؟) ومن المسلّم به أنّ إبراهيم عليه السلام كان يعلم أيّ شيء يعبدون ، لكن كان هدفه من إثارة

(108) البقرة، 258.

السؤال أن يستدرجهم ليعترفوا بما يعبدون ، والتعبير بـ(ما) ، التي تُستعمل لغير العاقل ، مبيّنٌ ضمناً نوعاً من التحقير ﴿ **وَاتلُ عَلَيهِم نَبَأَ إِبرَاهِيمَ * إِذ قَالَ لأَبِيهِ وَقَومِهِ مَا تَعبُدُونَ** ﴾.(109) فأجابوه نعبدُ أصناماً فنظلُّ لها عاكفين ﴿ **قَالُوا نَعبُدُ أَصنَاماً فَنَظَلُّ لَهَا عَاكِفِينَ** ﴾.(110)

والأصنام جمع الصنم ، وهو الهيكل أو التمثال المصنوع من الذهب أو الخشب وما شاكلهما ، أمّا الاوثان فهي جمع وثن وتعني الحجارة المنحوتة للعبادة. ولمّا سمع إبراهيم عليه السلام كلامَهم ، رشقهم بنبال الإشكال والاعتراض بشدّة ، وقمعهم بجملتين حاسمتين ، جعلهم في طريق مغلق لا يستطيعون منه خروجا ﴿ **قَالَ هَل يَسمَعُونَكُم إِذ تَدعُونَ * أَو يَنفَعُونَكُم أَو يَضُرُّونَ** ﴾.(111)

إنّ أقلّ ما ينبغي توفّره في المعبود هو أنْ يسمعَ نداء عابده ، وأن ينصره في البلاء ، أو يضره عند مخالفة أمره. إلّا أن هذه الأصنام ليس فيها ما يدلُّ على أنّ لَها أقلّ إحساس أو شعور ، أو أدنى تأثير في عواقب الناس ، فهي أحجار أو فلزات أو معادن أو أخشاب فاقدة لكلّ شيء! فكيف نجعلها سواء مع الخالق؟!. ما هي صفات هذه الاصنام التي تستحق العبادة لأجلها؟! واجه عبدة الأصنام الجهلة المتعصبين أسئلة إبراهيم عليه السلام وتعليقاته بجوابهم القديم الذي يكررونه دائماً ﴿ **قَالُوا بَل وَجَدنَا آبَاءنَا كَذَلِكَ يَفعَلُونَ** ﴾،(112) ﴿ **قَالُوا وَجَدنَا آبَاءنَا لَهَا عَابِدِينَ** ﴾.(113)

وهذا الجواب الجاهز الذي يكشف عن تقليدهم الأعمى لأسلافهم الجهلة ، هو الجواب الوحيد الذي استطاعوا أن يردّوا به على منطقيّة وعقلانيّة وحجّة إبراهيم عليه السلام . فالتفت إبراهيم عليه السلام مُوبّخاً لهم بسبب ضلالهم ومبيّناً موقفة منهم ﴿ **قَالَ لَقَد كُنتُم أَنتُم وَآبَاؤُكُم فِي ضَلالٍ مُّبِينٍ** ﴾،(114) ﴿ **قَالَ أَفَرَأَيتُم مَّا كُنتُم تَعبُدُونَ * أَنتُم وَآبَاؤُكُمُ الأَقدَمُونَ * فَإِنَّهُم عَدُوٌّ لِّي إِلا رَبَّ العَالَمِينَ** ﴾.(115)

---

(109) الشعراء، 69 و70.
(110) الشعراء، 71.
(111) الشعراء، 72 و73.
(112) الشعراء، 74.
(113) الأنبياء، 53.
(114) الأنبياء، 54.
(115) الشعراء، 75 – 77.

أجلْ! فإنّهم عدوٌّ له ، ولما كان كثير من عبدة الأصنام يعبدون الله أيضاً ، فقد استثنى إبراهيم ﷺ مباشرةً ، فقال: ﴿ **وَإِذْ قَالَ إِبْرَاهِيمُ لأَبِيهِ وَقَوْمِهِ إِنَّنِي بَرَاء مِّمَّا تَعْبُدُونَ * إِلَّا الَّذِي فَطَرَنِي فَإِنَّهُ سَيَهْدِينِ** ﴾.[116]

ثمّ وصف إبراهيم الخليل ﷺ ربّ العالمين لهم، وذكر لهم نعمَه المعنوية والماديّة ، وقايسها بالأصنام التي لا تسمع الدعاء ، ولا تنفع ولا تضرّ ، ليتّضح الأمر جليّاً ، فقال: ربّي ﴿ **الَّذِي خَلَقَنِي فَهُوَ يَهْدِينِ * وَالَّذِي هُوَ يُطْعِمُنِي وَيَسْقِينِ * وَإِذَا مَرِضْتُ فَهُوَ يَشْفِينِ * وَالَّذِي يُمِيتُنِي ثُمَّ يُحْيِينِ * وَالَّذِي أَطْمَعُ أَن يَغْفِرَ لِي خَطِيئَتِي يَوْمَ الدِّينِ** ﴾.[117]

هكذا أبطل إبراهيم ﷺ كلَّ الخرافات التي كانت معشعشة في عقول قومه من تعدد الآلهة والأرباب ، وينحني خضوعاً للخالق العظيم ﴿ **قَالَ بَل رَّبُّكُمْ رَبُّ السَّمَاوَاتِ وَالأَرْضِ الَّذِي فَطَرَهُنَّ وَأَنَا عَلَى ذَلِكُم مِّنَ الشَّاهِدِينَ** ﴾.[118]

ونصح إبراهيم ﷺ قومه وبيّن لهم أن اعبدوا الله لتجنوا ثمار عبادته، وأطيعوه لتحضوا برضوانه ﴿ **اعْبُدُوا اللَّهَ وَاتَّقُوهُ ذَلِكُمْ خَيْرٌ لَّكُمْ إِن كُنتُمْ تَعْلَمُونَ** ﴾،[119] إذ ينجيكم من دنياكم الملوّثة بالذنوب والشقاء ، وتكون آخرتكم هي السعادة الأبديّة. ثم عدّد لهم إبراهيم ﷺ أدلة منطقية على بطلان عبادة الأصنام والأوثان:

أوّلا: إنّما تعبدون من دون الله أوثاناً خالية من الروح ، وليس لها إرادة ، ولا عقل ، وهي فاقدة لكلّ شيء.

ثانياً: ليست هذه الأوثان بهيئتها تدلّ على أنّها لا تستحقّ العبادة فحسب ، بل أنتم تعلمون بأنّكم تكذبون ، وتضعون اسم الآلهة على هذه الأوثان ، فأي دليل لديكم على هذا الكذب ، سوى حَفنَة من الأوهام والخرافات الباطلة.

ثالثاً: إنّ عبادتكم لهذه الأوثان إمّا لأجل المنافع المادية الدنيوية ، أو لعاقبتكم في الأُخرى ، وكلا الهدفين باطل ، وذلك إنّ الذين تعبدون من دون الله ، لا يملكون لكم رزقاً.

---

(116) الزخرف، 26 و27.
(117) الشعراء، 78 – 82.
(118) الأنبياء، 56.
(119) العنكبوت، 16.

وأنتم تعرفون بأنّ هذه الأصنام لم تكن خلقتكم ، بل الخالق هو الله ، فالذي يتكفل بالرزق هو الله ، فابتغوا عند الله الرزق. لأنّه هو الذي يرزقكم ، فتوجهوا إليه واعبدوه ، واشكروا له.

وبتعبير آخر ، فإنّ واحداً من أسباب العبادة وبواعثها ، هو الإحساس بالشكر للمنعم الحقيقي ، وتعرفون أنّ المنعم الحقيقي هو الله ، فالشكر والعبادة يختصان - أيضاً - بذاته المقدسة.

قال تعالى: ﴿ **إِنَّمَا تَعبُدُونَ مِن دُونِ اللهِ أَوثَاناً وَتَخلُقُونَ إِفكاً إِنَّ الَّذِينَ تَعبُدُونَ مِن دُونِ اللهِ لا يَملِكُونَ لَكُم رِزقاً فَابتَغُوا عِندَ اللهِ الرِّزقَ وَاعبُدُوهُ وَاشكُرُوا لَهُ إِلَيهِ تُرجَعُونَ** ﴾.(120)

فالأصنام لا تصنع شيئاً هنا ولا هناك ، وبهذه الأدلّة الموجزة والواضحة ، ألجم منطقهم الواهي ، وأفحمهم. ثمّ يلتفت إبراهيم عليه السلام مُهدّداً لهم ومبدياً عدم اكتراثه بهم ، قائلاً: وإن تكذبوا ما أصدقتكم فقد كذّبت أُمم من قبلكم أمثال قوم نوح ، فقد كذّبوا أنبياءهم ، فنالوا الخزي بتكذيبهم والعاقبة الوخيمة ، وما على الرّسول إلّا البلاغ المبين ، سواءٌ استجاب له قومه أم لم يستجيبوا له ولدعوته وبلاغه ﴿ **وَإِن تُكَذِّبُوا فَقَد كَذَّبَ أُمَمٌ مِّن قَبلِكُم وَمَا عَلَى الرَّسُولِ إِلّا البَلاغُ المُبِينُ** ﴾.(121)

ثم وصف ارتباطهم بالأوثان على أنه علاقة مودة في الحياة الدنيا ﴿**وَقَالَ إِنَّما اتَّخَذْتُمْ مِنْ دُونِ اللهِ أَوْثَـناً مَّوَدَّةَ بَيْنِكُمْ فِى الْحَيَوةِ الدُّنْيَا**﴾،(122) ولكن هذه المودّة والمحبّة تتلاشى في الآخرة ﴿**ثُمَّ يَوْمَ الْقِيَـمَةِ يَكْفُرُ بَعْضُكُمْ بِبَعْض وَيَلْعَنُ بَعْضُكُمْ بَعضاً وَمَأْواكُمُ النَّارُ وَمَا لَكُمْ مِّن نَّـصِرِينَ**﴾.(123)

كيف تكون الأوثان أساساً للمودّة بين عبدة الأوثان؟! إنّ عبادة الصنم أو الوثن كانت رمزاً لوحدة القبيلة، لأنّ كل قبيلة اختارت لنفسها وثناً، فمثلاً "العزّى" كان لقريش، و"اللاّت" كان خاصاً بثقيف، أمّا "مناة" فكان خاصاً

(120) العنكبوت، 17.
(121) العنكبوت، 18.
(122) العنكبوت، 25.
(123) العنكبوت، 25. تتمة الآية السابقة

بالأوس والخزرج!. وبذلك فإنّ عبادة الأوثان تربط بينهم وبين أسلافهم، كما إنّها تربطهم بكبار الكفار، وهكذا أصبحت عبادة الأوثان بمثابة "حلقة الاتصال" بينهم.

ولكن هذه العلائق والوشائج والارتباطات الخاوية تتقطع جميعها يوم القيامة، فهي واهية بل أوهى من خيوط العنكبوت ، فكل فرد يومئذٍ يلقي التبعة والذنب على رقبة الآخر، ويلعنه ويتبرأ منه ومن عمله، حتى المعبودات التي كانوا يتصورون أنّها الوسيلة إلى الله، وكانوا يقولون في شأنها ﴿**مَا نَعْبُدُهُمْ إِلَّا لِيُقَرِّبُونَا إِلَى اللَّهِ زُلْفَى**﴾[124] تتبرأ منهم، وما أبلغ تصوير القرآن لبؤس حالهم ﴿**كَلَّا سَيَكْفُرُونَ بِعِبَادَتِهِمْ وَيَكُونُونَ عَلَيْهِمْ ضِدًّا**﴾،[125] أي أنّهم يتبرأ بعضهم من بعض في ذلك اليوم، وما كان أساساً لعلاقة المودة الكاذبة في الدنيا، يكون مدعاة للعداوة والبغضاء في الآخرة ﴿**الْأَخِلَّاءُ يَوْمَئِذٍ بَعْضُهُمْ لِبَعْضٍ عَدُوٌّ إِلَّا الْمُتَّقِينَ**﴾؛[126] لأن علاقة المحبّة والأخوّة بين المؤمنين قائمة على أساس التوحيد وعبادة الله وإطاعة أمر الحق في هذه الدنيا، وهذه العلاقة سيكتب لها الدوام، لتكون في الآخرة أكثر تماسكاً في وقت يتبرأ في ذلك اليوم المشركون بعضهم من بعض، ويلعن بعضهم بعضاً.

---

(124) الزمر، 3.
(125) مريم، 81.
(126) الزخرف، 67.

متى أصبح إبراهيم نبيّاً ؟

إنّ الكتب الإلهية ليست كتبا قصصية أو تاريخية ، وفيما يخصّ إبراهيم عليه السلام لم يذكر القرآن الكريم ، ولا التوراة ، ولا الإنجيل تأريخ ولادته ، ولم تحدّد هذه الكتب عمره حين أصبح نبياً ، أو متى حطّم الاصنام ، أو متى عزم على ذبح ابنه ، أو متى رمي هو في النار، وغير ذلك. لكن توجد إشارات من بعيد في بعض الآيات تفيد التخمين ، وربما تعطي فكرة ولو تقريبية عن زمن حدوث ما جرى في حياة هذا النبي العظيم.

لا دليلاً واضحاً على عمر إبراهيم عليه السلام حينما تقلّد مقام النبوة ، لكن يتبيّن من آيات القرآن الكريم أنّه كان نبياً عندما حاور أباه بعدم فائدة عبادة الاوثان ﴿ **وَاذكُر فِي الكِتَابِ إبرَاهِيمَ إنَّهُ كَانَ صِدِّيقاً نَّبِيّاً * إذ قَالَ لِأَبِيهِ يَا أَبَتِ لِمَ تَعبُدُ مَا لا يَسمَعُ وَلا يُبصِرُ وَلا يُغنِي عَنكَ شَيئاً** ﴾.[127]

ونُخمن أنّ هذه المحاورة مع أبيه حصلت قبل تحطيمه الاصنام ، وإلاّ فلا جدوى لنصيحته بعد تحطيمها، أضف الى هذا أنّه أُلقي به في النار بسبب تحطيمها. فهنا يأتي السؤال: متى حَطّم إبراهيم عليه السلام الاصنام ؟

يبدو أنّه حطّمها عندما كان فتىً كما جاء على لسان عبدة الأوثان ﴿ **قَالُوا مَن فَعَلَ هَذَا بِآلِهَتِنَا إنَّهُ لَمِنَ الظَّالِمِينَ * قَالُوا سَمِعنَا فَتًى يَذكُرُهُم يُقَالُ لَهُ إبرَاهِيمُ** ﴾.[128]

---

(127) مريم، 41 و42.
(128) الأنبياء، 59 و60.

سمعنا شخصاً في سنّ الفتوّة يَعيبُ ويستهزئ بآلهتنا ، وقال إنّه سيحطّمها ﴿ **وَتَاللهِ لأَكِيدَنَّ أَصنَامَكُم بَعدَ أَن تُوَلُّوا مُدبِرِينَ** ﴾.(129)

يعرّف (الفتى) في القاموس بأنّه الشابُّ أوَّلَ شبابه بين المراهقة والرُّجولة ، أى بعمر اثني عشر الى ستة عشر عاماً. لكنّ وصفْ الوثنيين كونه فتىً قد يعكس أنّ مرادهم لم يكن سوى التقليل من شأنه ، فبدلاً من أن يقولوا: إنّ إبراهيم قد فعل هذا الفعل ، قالوا إنّ فتىً يُقال له إبراهيم ، شاب مراهق ، يحبّ ان يخلق مشاكل ، وفرد مجهول تماماً ، ولا شخصيّة له في نظرهم، ولم يكن قصدهم تحديد عمره بالضبط. لذلك تصبح فكرة أنّ إبراهيم عليه السلام تقلّد النبوة بعمر اثنتي عشرة الى ست عشرة سنة أمر مشكوك فيه ، لأنّ إبراهيم عليه السلام كان نبياً عندما حطّم أصنامهم. جاء في بعض كتب التّفسير أنّ إبراهيم عليه السلام لمّا أُلقي في النّار لم يكن عمره يتجاوز ست عشرة سنة، وذكر بعضهم أنّ عمره عند ذاك كان ست وعشرين سنة.

إنّ حادثة تحطيم الاصنام في المعبد ، والرمي في النار التي فصّلها القرآن الكريم ، لم تُذكر في التوراة ، لكن الرواة من اليهود ذكروا حادثة مشابهة لها في (المدرش)(130) عندما كان إبراهيم عليه السلام في الأربعين من عمره، كما سنوضح ذلك، في الصفحة 67 ، وعليه فيمكن ان نخمّن أنّ إبراهيم عليه السلام تقلّد النبوة بعمر الشباب ، وربما كان ذلك بين الثلاثين والاربعين من عمره. وهو السن الذي كلف فيه بعض الرسل من بعده دعواتهم. فقد أرسل عيسى عليه السلام الى بني إسرائيل بعمر الثلاثين ، وبُعث محمد صلى الله عليه وآله وصحبه وسلّم نبيّاً في سنّ الأربعين.

---

(129) الأنبياء، 57.
(130) مدرش 1، ص 120–119.

الاختبارات الإلهيّة التي خضع لها إبراهيم

لماذا اختبار إبراهيم عليه السلام ؟

لماذا الامتحانات العسيرة الشاقة لنبي من أنبياء أولي العزم ؟! خاصةً وأنّه ليس لله فيها فائدة ؟ المعلّم – عادةً - يجري الامتحان لتقييم التلاميذ ويتعرف على مدى فهمهم للمادة الدراسية ، الله يعلم ما في السماوات والارض ، وما نُخفي وما نُعلن ، ويعرف كلّ شيء عن إبراهيم عليه السلام . إذن لماذا امتحانات إبراهيم عليه السلام الشاقّة العسيرة ، كرميه في النار ، أو ذبح ابنه الذي يحبه كثيراً ، وتعريضه للكآبة والحزن والألم؟

في معرض الإجابة نقول: الاختبار في الحقيقة هو ليس لأجل علم الله تعالى حتى يكتشف مدى إيمان إبراهيم، الله يعلم مسبقاً بإيمان إبراهيم، الاختبار هو لفائدة إبراهيم عليه السلام ليكشف له مواهبه وقدراته، وصلابته الإيمانيّة، ولفائدة نسله ليعرف أبناؤه صفات أبيهم التي تقرّب بها الى الله سبحانه وتعالى، وأخيراً فان الاختبار هو لفائدة الناس أجمعين ليتخذوا من إبراهيم عليه السلام نموذجاً حسناً لهم.

تكمن في نفس كلّ إنسان طاقات ومواهب خفيّة لا يمكن معرفتها والكشف عنها الا بإخضاعها للاختبار. أنا مثلاً نشأت في منطقة الشرق الاوسط وسافرت الى كندا لغرض الدراسة، وذات يوم دُعيت مع زملائي الطلاب الى التفسح ولعب الغولف. وفوجئت أني موهوب في هذه اللعبة، ونلت إعجاب المتسابقين لحسن الأداء والتصويب نحو الهدف وأحرزت المرتبة الاولى في المباراة، مع أني لم ألعب الغولف طيلة حياتي. كذلك

الانسان قد يمتلك موهبة مثل الرسم أو الموسيقى أو لعبة رياضية وغيرها ولكن ان لم يُخضع قدراته للاختبار فانه سوف لا يكتشف مواهبه. إبراهيم الخليل عليه السلام لم يعرف مسبقاً انه سيجتاز هذا الاختبار أو ذاك، الله يعلم إمكانيات إبراهيم عليه السلام لأنه هو الذي قدّر له مواهبه وأودعها فيه. لذلك اختبر الله إبراهيم عليه السلام حتى يكشف له مواهبه ويُجلّي قدراته الخفية.

بيّنت لنا الاختبارات الإلهية التي تعرّض لها إبراهيم عليه السلام أمرين مهمّين:

أولهما: مدى إيمان إبراهيم عليه السلام بالله تعالى وحبّه له وثقته به .

وثانيهما: كيف جازاه الله عزّ وجلّ في الدنيا والآخرة كنموذج لنا وأسوة حسنة.

إذن الفائدة هي ليست في الاختبار الإلهي نفسه ، وانّما العبرة في الاختبار كنموذج وسلوك، وكمنهج كشف وإبانة. فكما أنّ هناك فوائد ذاتيّة حصل عليها إبراهيم عليه السلام حين اجتاز الاختبارات الإلهية ، فإنّ لها فائدة موضوعيّة كنموذج لنا نحن البشر في العالم الدنيويّ على مدى الاجيال؛ لأنّ رسالته عالمية وخالدة ، ونحن نتعلم من تجارب وامتحانات الآخرين ، ونسلك سلوكهم الناجح كعبرة لنا ، فعندما نراقب سوانا من الناس يمرون بمحن ويعانون ، ومن ثَمّ ينجحون ، حينئذٍ تكون تجاربهم مصدر إلهام عظيم لنا.

إنّ الامتحانات تكشف لنا طاقاتنا الكامنة ، ودرجة تحمّلنا لصعوبات الحياة ، وتَصقل مواهبنا ، وتَزيد من تجربتنا ، وتُرقّي أنفسنا على سلّم التكامل الانساني.

إذا فكّرنا في الامتحانات جيداً، واتعضنا منها ، فإنّها سوف تُغيّر مجرى حياتنا نحو الرشاد. كيف؟ عندما نمرّ بمحنة يصبح دعاؤنا عريضاً ، فنُكثر من ذكر الله تعالى ومن صلاتنا واستغفارنا، وهكذا يمنحنا الامتحان الفرصة للتقرب من الله تعالى أكثر، ويُعيننا على تجنّب الشيطان ووساوسه، ولهذا فإنّ تكرار الامتحان يُنقّي أنفسنا ، ويَصقل مواهبنا ، ويعيننا على مواصلة التوبة النصوح. اذن الامتحان رحمة للمؤمن ، الله سبحانه وتعالى لا يمتحن الشرّير؛ لأنّ الشرّير لا يسمع ولا يتعظ ، ولا يتحمّل الامتحان. الامتحان هو لفائدتنا ، لكن الكثير منّا يطلب في الدعاء فقط: اللهم يسّر ولا تُعسّر ، ربّنا لا

تؤاخذنا ان نسينا أو أخطأنا، أعفُ عنا يا ربّ، واغفر لنا ، لا نريد امتحاناً او ابتلاءً، لا تدخلنا في تجربة.

كلّنا نخاف من الامتحانات ، ومحن الحياة ومشاكلها ، ولو بدرجات متفاوتة حسب مستوى إيماننا ، وفهمنا لهذه الأمور. وبسبب جهلنا ينسى أو يتناسى الكثير منّا أنّه لا راحة في هذه الدنيا. الله تعالى جعل الراحة في الآخرة ، وكثيراً منّا يطلبها في هذه الدنيا ولم يجدها.

إنّ الحياة الدنيا ساحة ابتلاء وامتحان ، الله تعالى خلق الموت والحياة ليبلُونا أيّنا أحسن عملاً. فالمرتاح فينا هو الذي يعرف كيف يتعامل مع هذه الامتحانات ، هل يتعامل معها بطريقته وهواه وعقله وقدرته واعتماده على نفسه الحيوانية ، أم يستعين بالروح الإلهية والعبادة وبهدايته لينير له درب السلام والأمان والاطمئنان؟

إنّ اختبارات إبراهيم عليه السلام ونتائجها ، هي نموذج لنا في حُبّ الله ، والثقة المطلقة به والتسليم لأمره. كيف ترك إبراهيم عليه السلام وطنه وأرض أبيه وهاجر إلى بلد غريب ؟ ماذا كان شعوره وهو يهجر أهله وعشيرته ؟

لم يذكر القرآن الكريم سبب خروجه ، بل ذكر أنّ الله تعالى نجّاه في الوصول إلى الارض المقدسة. تذكر التوراة أنّ الله قال لإبراهيم عليه السلام : اترك بيت أهلك ووطنك ، وإن سمعت لقولي أُكثّر نَسلَك ، وأجعل منك أُمة وأُغنيك. كلام غير سهل الهضم عندما نُفكّر فيه سطحياً ، لماذا تغنيني وتُكثّر نسلي بمجرد أن أترك بيت أهلي؟ وما هو الغرض من ذلك؟

هذا الطلب مثاله كقول أحدهم: أُعبر الشارع وأُعطيك مليون دولار. الجائزةُ هنا لا تتناسب مع الطلب ، اخرج يا إبراهيم وأعطيك كل هذه المكافآت!!!

إنّ الغاية من الخروج لم تُكشف لإبراهيم عليه السلام بعد ، الله تعالى لم يبيّن لإبراهيم عليه السلام السبب والغرض من الهجرة، ولكن إبراهيم عليه السلام استجاب لنداء الله تعالى بدون تردّد أو اعتراض أو سؤال ، وهذه من علامات ثقة إبراهيم عليه السلام المطلقة بالله تعالى ، وستتجسد صفته هذه بصورة بارزة ومتكررة في جميع الاختبارات الإلهية.

إنّ الله تعالى أراد أن يتحرّر إبراهيم عليه السلام من أيّ رابطة له مع مكان ولادته الملوّث ، وقومه الوثنيين ، حتى يكون مثلاً حياً وعبرة للآخرين في أهمية الهجرة. يكشف لنا الله تعالى هنا أنّ الانسان متى ما هجر حياة وأجواء الذنوب والمعاصي ، وسلك الطريق المستقيم ، فإنّه لامحالة سيجد السعادة في طريقه.

تتجسد صفة الثقة بالله مرة أخرى في رميه في النار وفي استعداده لذبح ابنه ، فقد كان نموذجاً لنا في تقييم درجة ثقتنا بالله في المصاعب ، هل نَعصيه ونترك الصلاة وباقي العبادات عندما نمرّ بمحنة، أم نستعين به ؟

إنّ إبراهيم عليه السلام لم يعرف السبب والغاية من طلب الله في ذبح ابنه بعدُ. والذبيح لم يسأل أباه ما هو الهدف يا ابتِ من ذبحي ؟ كلاهما أبديا الاستعداد دون معرفة الغاية. فعندما أذبح الخروف في بيتي مثلاً ، أعرف الغاية مُسبقاً أنّي سأوزّع اللحم على الفقراء ، تقرباً الى الله تعالى ، وأهدي ثوابه للموتى مثلاً ، أو أن أدعو أصدقائي لوليمة ، فأذبحه برغبةٍ وهدفٍ ، لكن أرى حلماً أن اذبح ابني من دون تبيان السبب ، وأعزم عليه ، فهذا شيء عسير.

قد نمرّ أحياناً بتجارب قاسية في حياتنا من غير سبب ظاهر ، الله سبحانه يعرف السبب وقد يُخفيه عنّا لكي يكافئنا إن صبرنا وتحمّلنا المشاق ، وأسلمنا لأمره ، وهذه هي طريقة حساب ثمرة الاختبار. الإيمان بالله شيء والثقة بالله شيء آخر ، يجب أن يثق الانسان بربّه ، وبقدرته المطلقة ، وأنّه تعالى يحبّه أكثر من نفسه ، وأنّ اختباره هو لمصلحته. وهناك أسباب عديدة أُخرى للامتحانات الالهية لسنا بصددها ، لكنّني اقتصرت في الحديث هنا على ما يخصّ امتحانات خليل الرحمن ، والغاية منها.

لقد امتحن الله تعالى إبراهيم عليه السلام عشر امتحانات ، واجتازها جميعاً بنجاح فائق ، ونال أوسمة متعددة: إنّه إمام الناس ، وخليل الله ، ومقامه في بيت الله الحرام مصلّى ، وإنّه في الدنيا من المحسنين، وفي الآخرة من الصالحين. دخل إبراهيم عليه السلام بعض الامتحانات في شبابه ، قبل ان يُكلّمه الله تعالى أو يوحي اليه مثل تحطيم الاصنام في المعبد ، وأدّى بقية الامتحانات فيما بعد ذلك بسبب ثقته المطلقة بالله وحبّه له.

وأيضاً نفهم من قصة إبراهيم عليه السلام أنّ مسألة الامتحان الالهي مسألة عامّة وشاملة لا تقتصر علينا - نحن البشر الاعتياديين - وإنّما شملت أيضاً الأنبياء جميعاً ، والامتحان الالهي للعباد يختلف من شخص لآخر ، وبحسب قدرة كلّ إنسان على التحمّل ، ولا يكلّف الله نفساً إلّا وسعها.

لقد ابتلى الله تعالى إبراهيم عليه السلام بإمتحانات إلهيّة شاقّة وعسيرة، فاجتازها بنجاح فائق ﴿ **وَإِذِ ابْتَلَى إِبْرَاهِيمَ رَبُّهُ بِكَلِمَاتٍ فَأَتَمَّهُنَّ قَالَ إِنِّي جَاعِلُكَ لِلنَّاسِ إِمَاماً قَالَ وَمِن ذُرِّيَّتِي قَالَ لاَ يَنَالُ عَهْدِي الظَّالِمِينَ** ﴾.[131]

وهذه الميزة «**أَتَمَّهُنَّ**» وردت في القرآن مرة واحدة وكانت بخصوص إبراهيم عليه السلام ، ولا نراها مذكورة في القرآن الكريم لباقي الأنبياء ، حيث ابتلي بعض الانبياء بترك الأَوْلَى ، كما نقرأ في حقّ آدم عليه السلام أبي البشر ﴿ **وَلَقَد عَهِدنَا إِلَى آدَمَ مِن قَبلُ فَنَسِيَ وَلَم نَجِد لَهُ عَزماً** ﴾،[132] وداود ﴿ **وَظَنَّ دَاوُودُ أَنَّمَا فَتَنَّاهُ فَاستَغفَرَ رَبَّهُ وَخَرَّ رَاكِعاً وَأَنَابَ** ﴾،[133] وذي النون عليه السلام ﴿ **وَذَا النُّونِ إِذْ ذَّهَبَ مُغَاضِباً فَظَنَّ أَن لَّن نَّقدِرَ عَلَيهِ فَنَادَى فِي الظُّلُمَاتِ أَن لا إِلَهَ إِلَّا أَنتَ سُبحَانَكَ إِنِّي كُنتُ مِنَ الظَّالِمِينَ** ﴾،[134] ويوسف عليه السلام ﴿ **وَقَالَ لِلَّذِي ظَنَّ أَنَّهُ نَاجٍ مِّنهُمَا اذكُرنِي عِندَ رَبِّكَ فَأَنسَاهُ الشَّيطَانُ ذِكرَ رَبِّهِ فَلَبِثَ فِي السِّجنِ بِضعَ سِنِينَ** ﴾.[135]

وها نحنُ نعرض لسلسلة الابتلاءات الربّانيّة، لنرى مدى الاستجابات الإبراهيميّة، لنخلص الى نتيجة مفادها أن مقامات إبراهيم عليه السلام ما كانت لتُنال لولا صبُره وتحمّله وتسليمه الكامل لله جلّ جلاله.

الاختبار الاول: تحطيم الأصنام ورمي إبراهيم في النار:

لقد بدأت دعوة إبراهيم عليه السلام التوحيدية المكثّفة ، وإعلانه بعدم الفائدة من عبادة الاوثان ، عندما واجه أباه وقومه ، قائلاً: ما هذه التماثيل التي

---

(131) البقرة، 124.
(132) طـه، 115.
(133) ص، 24.
(134) الأنبياء، 87.
(135) يوسف، 42.

تعبدونها ؟ ﴿ **إِذْ قَالَ لِأَبِيهِ وَقَومِهِ مَا هَذِهِ التَّمَاثِيلُ الَّتِي أَنتُم لَهَا عَاكِفُونَ** ﴾.[136] فأجابوه وجدنا آباءنا كذلك يفعلون ﴿ **قَالُوا وَجَدنَا آبَاءنَا لَهَا عَابِدِينَ** ﴾.[137] فحكم عليهم وعلى آبائهم بالضلال المبين ﴿ **قَالَ لَقَد كُنتُم أَنتُم وَآبَاؤُكُم فِي ضَلالٍ مُّبِينٍ** ﴾.[138] قام إبراهيم عليه السلام بما يستطيع لإزالة صدأ الشرك عن قلوب الناس، وزرع غرسة التوحيد في مكانها، إلاّ أنَّ ضجة عبادة الأصنام في ذلك المحيط الفاسد، وظلم الحاكم الجبار كانتا مِن الشدّة بحيث حبستا أنفاس عبادة الله في صدورهم ، وانكمشت همهمات التوحيد في حناجرهم.

ولمّا لم ينفع النُصح معهم ، خطّط إبراهيم عليه السلام ان يُحطّم أصنامهم، كي يوقظهم مِن غفلتهم ونومهم ، وكانت الاصنام تُحفظ في معبد عام. ومن دون أن يَحذر من مغبّة هذا العمل ، وما سيحدث من غضب عَبَدة الأصنام العارم ، دخل الميدان برجولة مقدامة، وتوجّه إلى حرب هذه الآلهة الجوفاء - التي لها أنصار متعصّبون جهّال - بشجاعة خارقة ، وحطّمها في معبدهم وأحالها إلى قِطَعٍ متناثرة إلّا الصنم الكبير ، فقد تركه ومعه الفأس لعلّهم إليه يرجعون ﴿ **فَجَعَلَهُم جُذَاذاً إلّا كَبِيراً لَّهُم لَعَلَّهُم إِلَيهِ يَرجِعُونَ** ﴾.[139]

وعندما دخلوا معبدهم وجدوا تلاًّ من الأيادي والأرجل المكسّرة المتراكمة ، فصرخوا ﴿ **قَالُوا مَن فَعَلَ هَذَا بِآلِهَتِنَا إِنَّهُ لَمِنَ الظَّالِمِينَ** ﴾.[140]

ثم تذكّر جماعة منهم ما سمعوه من إبراهيم عليه السلام ، وازدرائه بالأصنام ، وتهديده لها ﴿ **قَالُوا سَمِعنَا فَتًى يَذكُرُهُم يُقَالُ لَهُ إِبرَاهِيمُ** ﴾.[141]

وقد أشرنا سابقاً بإنّ القرآن الكريم لم يُحدثنا عن عمر إبراهيم عليه السلام حين حطّم أصنام قومه ، ويُخمَّن أنه كان بين الثلاثين والأربعين من عُمره. لقد أحدث تحطيم أصنام المملكة ضجّة صاخبة بين الناس في أنحاء شبه الجزيرة العربية حيث كانت عبادة الأوثان منتشرة في المنطقة، فتشكّلت فوراً محكمة ضمت زعماء القوم ، ويقال: أنّ الملك نمرود نفسه كان مشرفاً على هذه

---

(136) الأنبياء، 52.
(137) الأنبياء، 53.
(138) الأنبياء، 54.
(139) الأنبياء، 58.
(140) الأنبياء، 59.
(141) الأنبياء، 60.

المحاكمة ، وأوّل سؤال وجّهوه إلى إبراهيم عليه السلام ﴿ **قَالُوا أَأَنتَ فَعَلتَ هَذَا بِآلِهَتِنَا يَا إِبرَاهِيمُ** ﴾،[142] فأجابهم إبراهيم عليه السلام جواباً أفحمهم ، وجعلهم في حيرة لم يجدوا منها مخرجاً ﴿ **قَالَ بَل فَعَلَهُ كَبِيرُهُم هَذَا فَاسأَلُوهُم إِن كَانُوا يَنطِقُونَ** ﴾.[143]

كان جواب إبراهيم عليه السلام مشروطاً «إِن كَانُوا يَنطِقُونَ» ومعلوم أنّ الاصنام لا تنطق ، فما عُلّقَ على المستحيل فهو مستحيل أيضاً ، ولم يكذب عليهم إبراهيم عليه السلام ، إنما اراد ان يعيدهم الى وعيهم المفقود نتيجة استحواذ فكرة الآلهة المصطنعة عليه، فقالوا له لقد علمت ما هؤلاء ينطقون ﴿ **ثُمَّ نُكِسُوا عَلَى رُؤُوسِهِم لَقَد عَلِمتَ مَا هَؤُلاء يَنطِقُونَ** ﴾.[144]

وهنا فُتح أمام إبراهيم عليه السلام الميدان والمجال للاستدلال المنطقي ، ليوجّه لهم أشدّ هجماته ، وليرمي عقولهم بوابل من التوبيخ واللوم المنطقي الواعي: أفتعبدون من دون الله ما لا ينفعكم شيئاً ولا يضرّكم ؟ فماذا تنفع هذه الآلهة المزعومة الخياليّة التي لا قدرة لها على الكلام ، وليس لها شعور وإدراك ، ولا تقدر أن تدافع عن نفسها ، ولا تستطيع أن تحمي عُبّادها ، ولا يصدر عنها أي عمل ؟ ألا تُعتبر عبادتكم لها حمقاً وجهالة ؟ ﴿ **قَالَ أَفَتَعبُدُونَ مِن دُونِ اللهِ مَا لا يَنفَعُكُم شَيئاً وَلا يَضُرُّكُم * أُفٍّ لَّكُم وَلِمَا تَعبُدُونَ مِن دُونِ اللهِ أَفَلا تَعقِلُونَ** ﴾.[145]

وفي الواقع فإنّ كلّ مراد إبراهيم عليه السلام من تحطيم الأصنام هو تحطيم فكر الوثنيّة ، وروح الصنميّة ، لا تحطيم الأصنام ذاتها ، إذ لا جدوى من تحطيمها إذا صنع الوثنيّون العنيدون أصناماً أكبر منها ، وجعلوها مكانها ، إلّا أنّ إبراهيم عليه السلام ، إستطاع أن يجتاز بنجاح مرحلة حسّاسة جداً من طريق تبليغه الرسالة ، وهي إيقاظ الضمائر عن طريق (الصدمة) أو إيجاد موجة نفسيّة هائجة ﴿ **قَالَ بَل فَعَلَهُ كَبِيرُهُم هَذَا فَاسأَلُوهُم إِن كَانُوا يَنطِقُونَ * فَرَجَعُوا إِلَى أَنفُسِهِم فَقَالُوا إِنَّكُم أَنتُمُ الظَّالِمُونَ * ثُمَّ نُكِسُوا عَلَى رُؤُوسِهِم لَقَد عَلِمتَ مَا هَؤُلاء يَنطِقُونَ** ﴾.[146]

---

(142) الأنبياء، 62.
(143) الأنبياء، 63.
(144) الأنبياء، 65.
(145) الأنبياء، 66 و 67.
(146) الأنبياء، 63 – 65.

وللأسف لم تستمر هذه اليقظة الروحية طويلاً؛ لأنّ الطغاة والجبابرة لا يفهمون لغة المنطق والدليل ، ولهذا لم تؤثر عليهم جميع استدلالات إبراهيم عليه السلام العمليّة والمنطقيّة ، وعمدوا إلى استخدام منطق القوّة والنار ضدّ إبراهيم عليه السلام ، المنطق الذي لا يفهمون سواه ، فاتّخذوا قراراً صارماً وخطيراً في شأنه ، وهو قتله بأبشع صورة ، أي حرقه وجعله رماداً ﴿ **قَالُوا حَرِّقُوهُ وَانصُرُوا آلِهَتَكُم إِن كُنتُم فَاعِلِينَ** ﴾،[147] ﴿ **قَالُوا ابنُوا لَهُ بُنيَاناً فَأَلقُوهُ فِي الجَحِيمِ** ﴾.[148]

وأثاروا غوغاء الناس ضدّ إبراهيم عليه السلام بحيث إنّهم لم يكتفوا بعدّة حُزمٍ من الحطب التي تكفي لإحراق عدّة أشخاص ، بل أتوا بآلاف الحُزم وألقوها حتّى صارت جبلاً من الحطب ، ثمّ أشعلوه فاتّقدت منه نار مهولة.

صحيح أنّ كميّة قليلة من الحطب كانت تكفي لحرق إنسان كإبراهيم عليه السلام ، لكنّهم فعلوا ذلك ليطفئوا غيظ قلوبهم من جرّاء تحطيم أصنامهم ، ولمّا لم يمكنهم الاقتراب من النار لشدتها ، وضعوا إبراهيم عليه السلام على المنجنيق ، ورموه من بُعد بحركة خاطفة سريعة في تلك النّار المترامية الأطراف.

أُلقي إبراهيم عليه السلام في النار ، وسخر الناس به ، فهو الذي كان يُحذّرهم من دخول النار بسبب كفرهم وضلالهم ، ها هو من يدخل النار بنفسه. لكنّ الله تعالى مسبب الأسباب الذي بيده كلّ شيء ، شاء أن يحفظ عبده المؤمن المخلص سالماً من لهب تلك النّار ، فأمر النار قائلاً: ﴿ **قُلنَا يَا نَارُ كُونِي بَرداً وَسَلاماً عَلَى إبرَاهِيمَ** ﴾.[149]

تآمر القوم عليه ليقتلوه ، ولكن النتيجة لم تكن في صالحهم ﴿ **وَأَرَادُوا بِهِ كَيداً فَجَعَلنَاهُمُ الأَخسَرِينَ** ﴾.[150] فقد وضعهم الله سبحانه وتعالى في أسفل السافلين ، بينما رفع إبراهيم عليه السلام إلى أعلى علّيين ، ورفرفت راية النصر حين خمدت النار ، وخرج إبراهيم عليه السلام منها سالماً مظفّرا.

---

(147) الأنبياء، 68.
(148) الصافات، 97.
(149) الأنبياء، 69.
(150) الأنبياء، 70.

العبراني الذي صار أباً لشعوب الأرض

صُعق الناس من هول المفاجأة ، وفغرت الأفواه من الدهشة والعجب، وخمدت أصوات الفرح، وطاف صمت مهيب على وجوه الحاضرين ، وجمدت العيون حول المنظر العجيب أمامهم ، ولكن سرعان ما انفجر المشهد بهمسات الحاضرين وأصبحت الألسن تلهج بعظمة إبراهيم عليه السلام وربّه ، وأحدق الخطر بوجود نمرود وحكومته.

كان هذا اختبار إبراهيم عليه السلام الأول دفاعاً عن معتقده في التوحيد. فقد استعان بالثقة بالله ، ولم يبخل الله تعالى عليه بحمايته وقدرته ، فاجتازه بمهارة.

كان نمرود وقومه على يقين من أنّ إبراهيم عليه السلام قد أصبح رماداً في ذلك البحر الجهنمي ، أمّا عندما دقّق النظر ووجده حيّاً، أرعبه المنظر ، وهزّ أركان حكومته ، وفقد معنوياته تماماً.

الآن وقد عُرف إبراهيم عليه السلام بين الناس بأنّه مرشد إلهي ، وبطل شجاع يقدر على مواجهة مَلِكَهُم بمفرده ، وأنّ وراءه ربّ عظيم ، فقد استمر إبراهيم عليه السلام في دعوته لعبادة الله فآمن به بعضهم ، ومنهم ابن أخيه لوط عليه السلام ، وزوجته سارة عليها السلام ، وأنّه لو بقي في تلك المدينة على هذا الحال ، ومع ذلك المنطق القوي ، والشهامة والشجاعة التي لا نظير لها ، فمن المحتّمل أنّه سيكون خطراً على تلك الحكومة الجبّارة الغاشمة ، فإنّ هذه الحوادث قد تصير سبباً لإيمان جماعة من ذوي القلوب الواعية بربّ إبراهيم عليه السلام . أمّا نمرود ومن حوله فكانوا يرون في إبراهيم عليه السلام خطراً كبيراً عليهم ، فقيل إنّهم أجبروه على الخروج من تلك البلاد.

وخلاصة القول ، فإنّ هذا المعلّم الكبير قد دخل الى عبدة الأوثان من جميع الأبواب ، واستخدم معهم كلّ طاقاته ، إلّا أنّه من المسلّم به أنّ القابلية شرط في التأثير ، وكان هذا قليل الوجود بين أُولئك القوم للأسف الشديد.

ولكن لا شكّ أنّ كلمات إبراهيم عليه السلام وأفعاله بقيت كأرضيّة للتوحيد ، أو على الأقل بقيت كعلامات استفهام في أذهان أُولئك المغرقين بأوهامهم ، وأصبحت مقدّمة ليقظة ووعي أوسع في المستقبل. ويستفاد من التواريخ أنّ

جماعة آمنوا به ، وهم وإن قلّوا عدداً ، إلّا أنّهم كانوا من الأهميّة بمكان ، إذ هيّأوا الاستعداد النسبي لفئة أُخرى.

كان تحطيم الاصنام خطوة جريئة جداً ، وكانت في نظر الوثنيين جريمة لم يسبق لها نظير من قبل شابّ ، وأنها هزّت البناء الديني للناس والمملكة على حد سواء. شاع خبر مواجهة إبراهيم عليه السلام لقومه وملكها وتحطيم أصنامهم في المنطقة العربية فتأثر بشجاعته ومنطقه البارع أصحاب العقول التوحيدية، وبدأ نشاط تيارات الحنفاء يدب في مختلف بلدان شبه الجزيرة العربية والذي ناشد الى إعادة توحيد عبادة الله، ودعا الى الغاء الطقوس الربوبية ونسف التماثيل والاصنام ومعابدها.

ولولا أنّ القرآن الكريم ينقل لنا حديث إبراهيم عليه السلام مع أبيه وقومه حول عدم الفائدة من عبادة الاصنام ، ويصف لنا تفاصيل تحطيم الاصنام، ورمي إبراهيم عليه السلام في النار ، لما عرفنا عن هذه الحادثة شيئا ، علماً أنّ القرآن الكريم لم يذكر نزول الوحي على إبراهيم عليه السلام أو تكليفه للقيام بمهمة تحطيم الاصنام ، ولم يذكر ان فعله هذا كان بأمر الهي ، ولهذا فقد لا يضم تحطيم الاصنام تحت الاختبارات الالهية. علماً بأنّ التوراة لم تذكر حادثة تحطيم الاصنام التي كانت في المعبد.

فمن أين جاءت جرأة إبراهيم عليه السلام وشجاعته في مقاومة مملكة وملكها وتحطيم آلهتها ، وتحقير قومها ودينها ؟ كيف توصّل إبراهيم عليه السلام إلى هذا المستوى من التوحيد والثقة بالله ، خاصة وأنّه نشأ في وسط عائلة وثنية ومجتمع وثني؟ وأنه لم ير الله ولم يكلمه ولم يسمع منه شيئاً، وكيف يمكننا أن نحرز لأنفسنا إيمان وشجاعة إبراهيم عليه السلام ، ولو بنسبةٍ من النسب.

استدلّ إبراهيم عليه السلام على وحدانية الله في أوائل عمره بناءً على استدلالاته المنطقية ، بينما نحن عُلّمنا الأدلة والبراهين على وحدانية الله تعالى منذ ولادتنا ، وآمنا بها ، وقضينا عمراً نعبد الله ربنا وخالقنا ، نصوم ونصلّي ونقرأ القرآن قربة إليه ، لكن من منّا يشعر ، أنه وصل الى مرتبة ولو تلمّح من بعيد الى بعض ما توصّل اليه إبراهيم عليه السلام في أوائل شبابه. هذا إبراهيم عليه السلام كان النموذج والأسوة الحسنة لنا!! فلماذا لم نتخذه كذلك؟ ماذا سيكون جوابنا غداً؟

لم تذكر (التوراة) شيئاً عن ولادة إبراهيم عليه السلام ونشأته ، سوى ما جاء عن سلالة مواليده في الإصحاح الحادي عشر من (سفر التكوين) «**وَلَدَ تَارَحُ أَبْرَامَ وَنَاحُورَ وَهَارَانَ**»،[151] تبعتها فقرات موجزة عن خروجه من وطنه عندما كان في سنّ الخامسة والسبعين من عمره «**وَكَانَ أَبْرَامُ ابْنَ خَمْسٍ وَسَبْعِينَ سَنَةً لَمَّا خَرَجَ مِنْ حَارَانَ**»[152] في الاصحاح الثاني عشر. وبتعبير آخر لم تخبرنا التوراة شيئاً عن طفولة إبراهيم عليه السلام ونشأته، بل ولم تذكر حادثة تحطيم الأصنام ، أو رميه في النار، وكأنها لم تحصل ، وماذا كان إبراهيم عليه السلام يفعل خمسٍ وسبعين سنة من حياته قبل خروجه من أور؟

ذكر المعلّقون اليهود في (المدرش)[153] حادثة مشابهة على ما يبدو، ولو من بعيد، لما ذكره القرآن الكريم بخصوص تحطيم الاصنام والتي لم يرد ذكرها في التوراة ، مفادها أنّ (تارح) كان يعمل الاصنام ويبيعها كحرفة له. وفي يومٍ سافر (تارح) وسأل ابنه إبراهيم عليه السلام ان يرعى شؤون محله ، وكان إبراهيم عليه السلام حينئذٍ شاباً عمره أربعين سنة. وحصل أن جاءت امرأة وطلبت من إبراهيم عليه السلام السماح لها أن تُقدّم طعاماً للأصنام التي في المحل. فأخذ إبراهيم عليه السلام الطعام منها وقدمه للأصنام ، وسأل الاصنام سؤالاً استنكارياً: (مالكم لا تأكلون) ؟ وأخذ فأساً وكسّرها جميعاً إلى قطع صغيرة ماعدا الصنم الكبير حيث علّق إبراهيم عليه السلام الفأس بيده. وعندما جاء (تارح) واستفسر ، أجابه إبراهيم عليه السلام أنّ الاصنام تخاصموا فيما بينهم أيهم يأكل أولاً ، ولسوء تصرفهم ، قام الكبير بتأديبهم. رفع (تارح) صوته على إبراهيم عليه السلام وغضب عليه ، قائلاً: ما هؤلاء ينطقون.

ويتابع (المدرش)[154] قصةً أخرى: أنه في أحد الايام جاء دور (تارح) لخدمة الأوثان في قصر الملك، وأخذ إبراهيم عليه السلام بصحبته. رأى ابراهيم عليه السلام في القصر معرضاً لأنواع الآلهة مصنوعة من ذهب وفضة ونحاس وخشب وحجر. فقدّم لها إبراهيم عليه السلام خبزاً ونبيذاً، وسألها بسخرية ألا تأكلون؟ ولما

(151) سفر التكوين، 11:27.
(152) سفر التكوين، 12:4.
(153) مدرش 1، ص 120–119.
(154) مدرش 1، ص 125–121.

لم تجبه ، قال: انها لا قيمة لها وكوّمها جميعاً وأوقد النار وسطها. وحال ما وصل خبر الحادثة الى نمرود أمر برمي إبراهيم ﵇ في السجن. وبعد عشر سنوات استدعى نمرود إبراهيم ﵇ من السجن أملاً في أنه قد يكون غيّر رأيه، وتحوّل الى عبادة نمرود وآلهته. ولما رفض إبراهيم ﵇ ذلك، قرر نمرود على أثرها إلقاء إبراهيم ﵇ في فرن ناريّ، وبعد ثلاثة أيام و ثلاث ليالي، فتح عبيد نمرود باب الفرن ورأوا إبراهيم ﵇ يتجول في خضم النار كما لو كان في حديقة القصر بصحبة الملائكة، والخشب في الفرن قد تحول إلى أغصان فاكهة جميلة. لم يصدق العبيد أعينهم، وجاء نمرود ليراه بنفسه وهو يرتعش. خرج إبراهيم ﵇ من الفرن سالماً أمام أعين الجميع. فسأله نمرود كيف انت لا تزال على قيد الحياة. أجابه إبراهيم ﵇ : الله الذي خلق السماء والارض، والذي انت سخرت منه، أنقذني من الموت. فسجد نمرود أمام إبراهيم ﵇ وتبعه وزراؤه، فسجدوا لإبراهيم أيضاً. خاطبهم إبراهيم ﵇ لا تسجدوا لي بل اسجدوا لخالق الكون. وكان إبراهيم ﵇ شاباً حينئذٍ، وان هذه الاحداث جرت قبل ان يكلّمه الله، بل فعلها إبراهيم ﵇ اعتماداً على اعتقاده بوجود خالق لهذا الكون.

من هو نمرود؟

هو (نمرود ابن كُوش ابن حام ابن نوح)، وباختصار فإنّ نمرود هو حفيد نوح ﵇ . وبعد ان خاض نمرود معركة ضد أبناء عمومته: (سام ويافث)، وانتصر عليهم، تُوّج من قبل إخوته والمقرّبين اليه ملكاً على بابل، فادعى الربوبية وفرض على قومه السجود أمامه.

كان نمرود طاغياً وحكم على أهل مملكته بقبضة حديدية، وفرض عليهم عبادة الأوثان والتمرّد على الله تعالى وعصيانه. اخترع أهل مملكته صناعة الطابوق من اللِبن وعملية الفخار بالنار. وبدأوا يبنون بيوتاً لهم من الطابوق والزفت. إقترح عليهم نمرود بناء برج بابل بعد الطوفان، ولو انهم جميعاً اتفقوا على ضرورة بناء البرج وَقَالُوا: «**هَلُمَّ نَبْنِ لأَنْفُسِنَا مَدِينَةً وَبُرْجًا رَأْسُهُ بِالسَّمَاءِ. وَنَصْنَعُ لأَنْفُسِنَا اسْمًا لِئَلاَّ نَتَبَدَّدَ عَلَى وَجْهِ كُلِّ الأَرْضِ**»،[155]

---

(155) تكوين، 11:4.

لكنهم لم يتفقوا على الغرض من بنائه؛ منهم من قال ليقيهم من عذاب الله كالذي حصل لآبائهم في الطوفان، ومنهم من قال حتى نشن حرباً ضد الله، ومنهم من أراد أن يجعله مركزاً لعبادة الاوثان. وبعد الانتهاء من بناء البرج ابتلعت الارض ثلثه الاسفل واحترق ثلثه الأعلى وبقي جزؤه الوسط قائما **(فَأَتَى اللهُ بُنْيـنَـهُم مِّنَ الْقَوَاعِدِ فَخَرَّ عَلَيْهِمُ السَّقْفُ مِن فَوْقِهِمْ وَأَتَـهُمُ الْعَذَابُ مِنْ حَيْثُ لاَ يَشْعُرُونَ)**.(156)

حاول إبراهيم عليه السلام أن يُقنع نمرود وقومه بالإيمان بالله ونبذ عبادة الأوثان إلاّ أنهم جادلوه، وقالوا: أنت شيخ كبير بلا طفل، وهذا برهان لك أن الله لا يجازي من يسير وراءه، ثم قاوموه وحاولوا قتله.

وعندما ذهب أبرام ورجاله لإنقاذ لوط وعائلته حين سقطوا أسرى في الحرب التي دارت بين ممالك دائرة الاردن، قتل أبرام نمرود، واسترجع لوطاً وأملاكه وباقي الاسارى، وقد فصّلنا هذا الحدث في الاختبار الخامس.

الاختبار الثاني: هجرة أبرام من أور إلى أرض كنعان.

إجتمعت البشرية بعد الطوفان ضدّ الله تعالى ، تتعامل معه كخصم بسبب الطوفان ، وشيّدوا بُرجاً (برج بابل) من اللِبْن رأسه بالسماء. أمّا الله الرحوم ففي حُبّه لم يعطها ظهره ، بل اختار إنساناً واحداً استحق أن يتمتع بالدعوة ، ليكون أباً لشعب الله ، وبنسله تتبارك جميع الأمم. هذا الأب أبرام عليه السلام خرج من أرضه وعشيرته وبَيتِ أبيه ، لينطلق بالبشرية في علاقتها مع الله تعالى ببداية جديدة، بعد ان طهّر الله الارض بالفيضان من دنس قوم نوح عليه السلام .

إنّ أبرام عليه السلام هو العاشر في سلالة الآباء الذين ولدوا من سام ابن نوح عليه السلام **«وَعَاشَ تَارَحُ سَبْعِينَ سَنَةً ، وَوَلَدَ أَبْرَامَ وَنَاحُورَ وَهَارَانَ. وَهذِهِ مَوَالِيدُ تَارَحَ: وَلَدَ تَارَحُ أَبْرَامَ وَنَاحُورَ وَهَارَانَ. وَوَلَدَ هَارَانُ لُوطًا»**.(157)

---

(156) النحل، 26.
(157) سفر التكوين، 27–26:11.

لم يتجاهل الله تعالى إنسانًا واحدًا أمينًا وسط المدينة بأكملها ، بل وسطَ العالم كلّه في ذلك الحين ، فجعله صخرًا منه يُقطَع المؤمنون ، دعاه وهو واحد، وامرأته كانت عاقراً، وباركه وأكثره فجعله أمماً، وأمة إبراهيم ملئت العالم عدداً منذ آلاف السنين. هكذا يطلب الله من تابعي البر ، وطالبي الربّ ، أن يتطلّعوا إلى أبيهم إبراهيم عليه السلام الأسوة الحسنة.

يعتبر خروج أبرام عليه السلام من أرض آبائه إلى أرض غريبة ، نقطة تحوّل جوهرية في حياته ، وفي نشر دعوته ، ودرس نموذجي لغيره. تُمثّل رحلة أبرام عليه السلام من العراق إلى أرض كنعان أول هجرة للأنبياء في سبيل نشر كلمة الله تعالى ، وأصبحت الهجرة فيما بعد سُنّة لجميع الانبياء من بعده.

كانت هذه الهجرة مصدر بركات كثيرة على طول تاريخ هجرة الانبياء، وبضمنها هجرة موسى النبي عليه السلام وبني إسرائيل من مصر العبودية إلى الأرض المقدسة ، ولولاها لبقي اليهود عبيداً لفرعون قروناً أخرى. وهجرة النبي محمد صلّى الله عليه وآله وصحبه وسلم من مكة إلى المدينة المنورة ، ولولاها لكان الإسلام قد غرق – وإلى الأبد – في مستنقع عبدة الأصنام في مكّة. ولأهمية هذه الهجرة اتخذها المسلمون كبداية للتقويم الاسلامي الهجري. فالهجرة هي التي أعطت روحاً جديدة لبني إسرائيل والمسلمين ، وغيّرت كلّ شيء لصالحهم ، وخطّت للبشرية طريقاً جديداً للسير عليه.

إنّ الهجرة برنامج عام لكلّ مؤمن عندما يشعر في وقت من الأوقات أنّ الجو الذي يعيش فيه أصبح غير متناسب مع أهدافه المقدّسة ، ويبدو كأنّه مستنقع عفن يفسد كلّ ما فيه ، فتكليفه الهجرة ، وعليه أن ينتقل إلى مناطق أفضل ، فأرض الله واسعة ﴿ **وَمَن يُهَاجِرْ فِي سَبِيلِ اللهِ يَجِدْ فِي الأَرْضِ مُرَاغَماً كَثِيراً وَسَعَةً وَمَن يَخْرُجْ مِن بَيْتِهِ مُهَاجِراً إِلَى اللهِ وَرَسُولِهِ ثُمَّ يُدْرِكْهُ المَوتُ فَقَدْ وَقَعَ أَجْرُهُ عَلَى اللهِ وَكَانَ اللهُ غَفُوراً رَّحِيماً** ﴾.[158]

بل إنّ الانسان ليُحاسب في ظروف الاضطهاد والاختناق الأمني والتضييق على المؤمنين، إن لم يُهاجر بدينه حفاظاً عليه وبحثاً عن مكان آمن يستطيع أن يُمارس فيه مسؤولياته الدينيّة بلا مضايقات، بشرط تمكّنه

(158) النساء، 100.

من الهجرة والبحث عن مكان أوسع لممارسة تكاليفه بحريّة، وهذا ما عبّر عنه القرآن بالقول: ﴿**إِنَّ الَّذِينَ تَوَفَّاهُمُ الْمَلَائِكَةُ ظَالِمِي أَنفُسِهِمْ قَالُوا فِيمَ كُنتُمْ قَالُوا كُنَّا مُسْتَضْعَفِينَ فِي الْأَرْضِ قَالُوا أَلَمْ تَكُنْ أَرْضُ اللَّهِ وَاسِعَةً فَتُهَاجِرُوا فِيهَا فَأُولَٰئِكَ مَأْوَاهُمْ جَهَنَّمُ وَسَاءَتْ مَصِيرًا**﴾.[159]

كان إبراهيم عليه السلام يتحاور مع أهل القرى حيثما مرّ بها في طريق مسيرته الى أرض كنعان وكان يناقشهم ويجادلهم ويجيب عن أسئلتهم، وقد أقنع الكثير بمعتقداته وكسبهم الى عبادة الله ونبذ عبادة الاصنام.

ما الذي دفع بأبرام عليه السلام الى أن يهاجر ؟ وهل أجبره نمرود على الخروج ؟ أم أنّ معتقد أبرام عليه السلام استدعاه ان يهاجر إلى بلد أكثر أمناً ، لنشر دعوته دون أي ضغوط أو خطر ؟ أم أنّ الله تعالى أوحى اليه بالخروج ؟

هل أجبر (نمرود) (أبرام) على الخروج ؟

إنّ نمرود ومنْ حوله كانوا يرون في أبرام عليه السلام خطراً كبيراً عليهم ، فقيل: إنّهم أجبروه على الخروج وأبعدوه من تلك البلاد. وجاء في إحدى الروايات الاسلامية أنّ نمرود أمر أن يُنفى أبرام عليه السلام من البلاد ، وأن يمنع من الخروج بماشيته وماله ، فحاجّهم أبرام عليه السلام عند ذلك ، قائلاً: إن أخذتم ماشيتي ومالي فحقّي عليكم أن تردّوا عليّ ما ذهب من عمري في بلادكم ، فاختصموا إلى قاضي نمرود ، وقضي الأمر ، وأمر نمرود أن يخلّوا سبيله وسبيل ماشيته وماله ، وأن يُخرجوه ، وقال إنّه إنْ بقي في بلادكم أفسد دينكم وأضرّ بآلهتكم.[160]

السؤال يبقى محيّراً: هل أجبر نمرود أبرام على الخروج؟ لو فرضنا أن أبرام حطّم أصنام المملكة عندما كان بين الثلاثين والاربعين من عمره، وأنّه هاجر عندما كان عمره خمساً وسبعين سنة، كما جاء في التوراة، عندئذٍ يصبح دور نمرود في إبعاده من أور أمراً مستبعداً. فلو أراد نمرود إبعاده لقرر ذلك بعد حادثة تحطيم الاصنام مباشرة، لا بعد أربعين سنة على مضيها،

(159) النساء، 97.
(160) السيد نعمة الله الجزائري في كتابه النور المبين في قصص الانبياء والمرسلين يروي القصة نقلاً عن الكافي، ص 99.

خاصة وان الحادثة هزّت الكيان الديني للناس كما هزّت أركان المملكة النمرودية، فكيف يتحمل نمرود والشعب وجوده بينهم كل هذه السنين؟!

هل خرج (أبرام) من (أور) تلقائياً ؟

من جهة أُخرى ، فقد وردت روايات مختلفة في أنّ أبرام عليه السلام خرج تلقائياً، وأنّه كان قد أدّى رسالته في الواقع في تلك البلاد ، ووجّه ضربته الماحقة إلى هيكل وبنيان الشرك ، وبذر بذور الإيمان والوعي في تلك البلاد ، وبقيت المسألة مسألة وقت لتنمو هذه البذور وتُبدي ثمارها ، وتُقتلع جذور الأصنام وعبادتها ، ويُسحب البساط من تحتها. فلابدّ من الهجرة إلى موطن آخر لإيجاد أرضية لرسالته هناك ، ولذلك صمّم على الهجرة تلقائياً إلى أرض كنعان. يبدو ان هذا الاحتمال في سبب خروج أبرام، أيضاً غير مقنع جداً؛ بسبب طول الأربعين سنة المنصرمة على بقائه في أور، فلابد من أسباب أخرى.

هل كانت هجرة (أبرام) بإيحاء من الله تعالى؟

يبدو من ظاهر الآيات القرآنية الكريمة ، أنّ إبراهيم عليه السلام هو الذي صمّم من تلقاء نفسه على الهجرة إلى أرض كنعان، وكان واثقاً أنّ الرب الذي حفظه من نار نمرود سيهديه في خطوته هذه ﴿ **وَقَالَ إِنِّي ذَاهِبٌ إِلَى رَبِّي سَيَهْدِينِ** ﴾.[161] وآمن معه لوط وزوجته سارة ﴿ **فَآمَنَ لَهُ لُوطٌ وَقَالَ إِنِّي مُهَاجِرٌ إِلَى رَبِّي إِنَّهُ هُوَ الْعَزِيزُ الْحَكِيمُ** ﴾.[162]

لقد ذكر القرآن الكريم أنّ الله تعالى نجّا إبراهيم عليه السلام وصحابته في هجرتهم إلى الارض المباركة ، إلّا أنّ القرآن لم يذكر أنّ هجرتهم كانت بإيحاء من الله تعالى ﴿ **وَنَجَّيْنَاهُ وَلُوطاً إِلَى الأَرْضِ الَّتِي بَارَكْنَا فِيهَا لِلْعَالَمِينَ** ﴾.[163]

هل هاجر أبرام بدعوة من الرب؟ وصفت التوراة هجرة أبرام عليه السلام بشكل مقتضب ، وذكرت أنّ الربّ هو الذي كلّم أبرام عليه السلام بالخروج ، قائلاً: إذهب من أرض آبائك وعشيرتك إلى الارض التي أريك ، لماذا؟ لأني سأباركك وأجعلك أمة عظيمة ، وأكثّر نسلك بعدد نجوم السماء ، وحبّات

---

(161) الصافات، 99.
(162) العنكبوت، 26.
(163) الأنبياء، 71.

الرمل ، وأغنيك وتشتهر في كلّ الارض، وأجعلك بركة للناس ، وأبارك الذين يباركوك. اللهم صل وسلم وبارك على إبراهيم وآل إبراهيم إنك حميد مجيد.

طلب الله من إبراهيم عليه السلام الخروج الى أرض جديدة، ليكون أباً لشعب الله، وقائداً لأمة جديدة غير قوم نوح الذين غرقوا في الفساد، فأبادهم الله وطهّر الأرض بالطوفان من شرورهم.

إن إبراهيم عليه السلام هو الأب البيولوجي والروحي لرسل الشرائع اليهودية ، والمسيحية ، والاسلامية التي يُقدّر عدد معتنقيها اليوم بغالبيّة البشر على الارض ، وان هجرته إلى أرض الشام تُمثّل نقطة البداية لولادة أمة إبراهيم ومعتقداتها.

«وَقَالَ الرَّبُّ لأبرام: اذْهَبْ مِنْ أَرْضِكَ وَمِنْ عَشِيرَتِكَ وَمِنْ بَيْتِ أَبِيكَ إِلى الأَرْضِ الَّتِي أُرِيكَ. فَأَجْعَلَكَ أُمَّةً عَظِيمَةً وَأُبَارِكَكَ وَأُعَظِّمَ اسْمَكَ ، وَتَكُونَ بَرَكَةً. وَأُبَارِكُ مُبَارِكِيكَ ، وَلاَعِنَكَ أَلْعَنُهُ. وَتَتَبَارَكُ فِيكَ جَمِيعُ قَبَائِلِ الأَرْضِ».(164)

وُعودٌ صعبة الفهم أول وهلة لرجل بلا طفل وزوجة عقيمة ، وصوت من السماء يقول له: أُخرج من بيت أهلك إلى بلد آخر ، دون ان يُحدّد له الموضع الذي سيستقر فيه ، أو أن يوضّح له الغاية والسبب من خروجه، بل قال له: إذهب إلى الارض التي أريك ، وسأجعلك أُمّة عظيمة. وكان عمر أبرام عليه السلام حينئذٍ خمساً وسبعين سنة **«وَكَانَ أبرام ابْنَ خَمْسٍ وَسَبْعِينَ سَنَةً لَمَّا خَرَجَ مِنْ حَارَانَ»**.(165) هذا يعني بحسابنا اليوم أنّ أبرام عليه السلام كان رجلاً متقاعداً ، وصار له عشر سنوات يجمع راتباً تقاعدياً ، أو ضماناً اجتماعياً ، أو تتوقعه وهو بهذا العمر أن يبدأ بتأليف كتاب ، أو يكتُب قصة حياته ، أو يشتري عدّة لصيد السمك ونظّارات شمسية وبنطلون قصير ، ويتمتع على البحر بصيد السمك ، أو أقلّ ما يُقال أنّه في سنّ يحتاج فيه الانسان إلى الاستقرار خاصةً وأنّه لم يُرزق بولدٍ يرثه بعد ، أو يهتم به في شيخوخته.

---

(164) سفر التكوين، 12:1–3.
(165) سفر التكوين، 12:4.

وبدلاً من هذا كله ، قال له الله تعالى في شيخوخته: (انتقل من هنا)، فحزم أبرام عليه السلام متاعه ، وشدّ الرحيل هو وامرأته ولوطاً ابن أخيه عليهم السلام ، غير عارفين إلى أين يسيرون ، لكن الله كان معهم ، يُريهم الطريق ، وكان لأبرام عليه السلام الثقة المطلقة بالله والتسليم المطلق لله حين أمره بالخروج «**اذْهَبْ مِنْ أَرْضِكَ وَمِنْ عَشِيرَتِكَ وَمِنْ بَيْتِ أَبِيكَ إلى الأَرْضِ الَّتِي أُرِيكَ**».(166) وهذه أول مرة تذكر التوراة أن الله خاطب أبرام. فقد واجه أبرام أباه وقومه وملكهم وحطّم أصنامهم بدافع عقيدته بوجود خالق مدبّر لهذا الكون، بناءً على استدلالاته العقلية المذهلة في حركة الكواكب وتعاقب الليل والنهار، وكان ذلك قبل ان ينزل عليه الوحي أو يكلّمه الله.

تذكر التوراة أنّ (تارح) اصطحبهم في الرحلة من أور الى كنعان أيضاً لكنه مات أثناء الرحلة في حاران ، ولم يصل الى كنعان «**وَأَخَذَ تَارَحُ أَبْرَامَ ابْنَهُ ، وَلُوطًا بْنَ هَارَانَ ، ابْنَ ابْنِهِ ، وَسَارَايَ كَنَّتَهُ امْرَأَةَ أَبْرَامَ ابْنِهِ ، فَخَرَجُوا مَعًا مِنْ أُورِ الْكَلْدَانِيِّينَ لِيَذْهَبُوا إِلَى أَرْضِ كَنْعَانَ. فَأَتَوْا إِلَى حَارَانَ وَأَقَامُوا هُنَاكَ. وَكَانَتْ أَيَّامُ تَارَحَ مِئَتَيْنِ وَخَمْسَ سِنِينَ. وَمَاتَ تَارَحُ فِي حَارَانَ**».(167)

ورد في (المدرش)(168) أنه عندما وصلوا إلى حاران وأدرك (تارح) أنهم لم يكونوا في خطر من نمرود هناك ، لم يستمر (تارح) في الرحلة إلى كنعان، ولكنه استقرّ في حاران. كان أبرام في ذلك الوقت يبلغ من العمر سبعين عاما. في حاران دعا أبرام (الى) لقاءات جماعية عامة لإعلان حقيقة خالق واحد، وتحدث عن الالتزام بخدمته. كما قام بتأليف صحف مكرّسة لإظهار عدم جدوى عبادة الأصنام. وبهذه الطريقة ، اكتسب أبرام عشرات الآلاف من الأتباع الذين يعترفون بوجود الله.

لم يستقر أبرام في (حاران) ولكنه سافر باستمرار من قرية الى أخرى لنشر الإيمان بالله تعالى إلى ان وصل الى أرض كنعان. بعد وصوله إلى هناك ، واصل التنقل ذهابا وإيابا بين حاران وارض كنعان لخمس سنوات ،

---

(166) سفر التكوين، 12:1.
(167) سفر التكوين، 32–11:31
(168) مدرش 1، ص 125.

وعندما كان في الخامسة والسبعين من عمره، تلقى وصية الله بالاستقرار بشكل دائم في أرض كنعان.[169]

بإيمانٍ وقلبٍ مطمئنٍ انطلق قلب أبرام عليه السلام خارج أور الكلدانيين ودعي "عبرانيًا" نسبة إلى أحد أجداده (عابر بن سام بن نوح)، ومنه اطلقت تسمية اليهود (العبرانيون) واليه نسبت تسمية اللغة العبرية أو العبرانية Hebrew وحال وصوله أرض كنعان، ظهر له الربّ وقال لنسلك أُعطي هذه الارض ، وهذه هي المرة الاولى التي نسمع فيها ان الربّ ظهر لإنسان «**وَخَرَجُوا لِيَذْهَبُوا إِلى أَرْضِ كَنْعَانَ. فَأَتَوْا إِلى أَرْضِ كَنْعَانَ. وَاجْتَازَ أبرام فِي الأَرْضِ إِلى مَكَانِ شَكِيمَ إِلى بَلُّوطَةِ مُورَةَ. وَكَانَ الْكَنْعَانِيُّونَ حِينَئِذٍ فِي الأَرْضِ. وَظَهَرَ الرَّبُّ لأبرام وَقَالَ: لِنَسْلِكَ أُعْطِي هذِهِ الأَرْضَ. فَبَنَى هُنَاكَ مَذْبَحًا لِلرَّبِّ الَّذِي ظَهَرَ لَه**».[170]

وبنى هناك أبرام عليه السلام مذبحاً للربّ الذي ظهر له. يا ترى ، من أين جاءت فكرة المذبح والمحرقة ؟ جاء موضوع خروج أبرام عليه السلام من أور في أول إصحاح في التوراة يتحدث عن أبرام، وهذه أول مرة نسمع عن المذبح والمحرقة في القصة. فلابدّ أنّ أبرام عليه السلام كان قد تسلّم تعليمات إلهيّة، أو إيحاء الهي، أو أنّه عرف مسبقاً بعض التشريعات الالهية ، أو أنّه اتبع خطوة نوح عليه السلام عندما بنى مذبحاً للرب وأصعد محرقات على المذبح عند نهاية الطوفان «**وَبَنَى نُوحٌ مَذْبَحًا لِلرَّبِّ. وَأَخَذَ مِنْ كُلِّ الْبَهَائِمِ الطَّاهِرَةِ وَمِنْ كُلِّ الطُّيُورِ الطَّاهِرَةِ وَأَصْعَدَ مُحْرَقَاتٍ عَلَى الْمَذْبَحِ ، فَتَنَسَّمَ الرَّبُّ رَائِحَةَ الرِّضَا**».[171] حدّد الله تعالى لنوح عليه السلام أن يدخل في الفلك عدداً من البهائم الطاهرة وغير الطاهرة ومن طيور السماء لغرض تناسلها بعد الطوفان، وكذلك لتقديم المحرقات وذبائح السلامة «**مِنْ جَمِيعِ الْبَهَائِمِ الطَّاهِرَةِ تَأْخُذُ مَعَكَ سَبْعَةً سَبْعَةً ذَكَرا وَأنْثَى. وَمِنَ الْبَهَائِمِ الَّتِي لَيْسَتْ بِطَاهِرَةٍ اثْنَيْنِ: ذَكَرا وَأنْثَى. وَمِنْ طُيُورِ السَّمَاءِ ايضا سَبْعَةً سَبْعَةً: ذَكَرا وَأنْثَى. لاِسْتِبْقَاءِ نَسْلٍ عَلَى وَجْهِ كُلِّ الارْضِ**»،[172] الا أن الله لم يحدد لنوح عليه السلام ما هي الحيوانات الطاهرة والحيوانات غير الطاهرة، كما أنها لم تذكر في (سفر التكوين)، ولم

(169) مدرش 1، ص 125. نفس المصدر السابق

(170) سفر التكوين، 7–12:5.

(171) سفر التكوين، 21–8:20 .

(172) سفر التكوين، 7:2.

تكن الشريعة الموسوية بعد قد أُعلنت، لهذا يرى بعض الباحثين أن شريعة الحيوانات الطاهرة وغير الطاهرة تسلمها آدم شفاهًا من الله وسُلمت عبر الأجيال بالتقليد.

خصوصيتان إبراهيميتان:

ولابدّ هنا من ذكر نقطتين أساسيتين عن خصوصية أبرام عليه السلام ورسالته لحد الآن:

أولاً: أنّ رُسل الله نوح ، وموسى ، وعيسى ، ومحمد عليهم جميعاً صلوات الله وسلامه ، كانوا قد اختارهم الله تعالى ، وأوحى إليهم رسالاته التوحيدية؛ ليبلّغوا بها الناس. لكن أبرام عليه السلام هو الذي اكتشف من نفسه الله في أوائل عمره ، باستدلالاته المنطقية من تعاقب الليل والنهار وأفول الكواكب ، وبدأ يُبلّغ الناس ، وهو ما زال في أور الكلدانيين ، ولم يُكلّمه الله بَعدُ ولم يوحِ اليه. فعندما كلّمه الله تعالى بالخروج، كما تذكر التوراة ، فكأنما أمره أن يستمر في خدمته ، ويُكمّل ما بدأ به بنفسه ، لكن في أرض جديدة بدون أي مضايقة من نمرود وقومه. هذا لا يعني أن الله الذي يعلم ما نخفي وما نعلن كان بعيداً عن إبراهيم عليه السلام ، فمواهب إبراهيم عليه السلام كلها وقدراته في واقعها هي من فضل الله عليه.

ثانياً: لقد وعد الله أبرام عليه السلام وعوداً لم يعدها لأي رسولٍ آخر من قبله أو من بعده. فلم يقتصر عطاؤه على قطعة ارض ليشيّد له داراً عليها ، ويسكن مع زوجته فيها ، بل أعطاه بلداً كاملاً ، ووعده بتكثير نسلِهِ عدد نجوم السماء وحبات الرمل ، وهو شيخ كبير وزوجته عقيمة ، ووعده أيضاً غنىً وشهرةً وبركةً للناس. كل هذه الوعود مقابل دعوة الله لأبرام عليه السلام للخروج من أرض آبائه.

لقد دعا الله تعالى أبرام عليه السلام وهو فرد للخروج ، ووعده أن يجعله أمة عظيمة ، ويباركه ، ويعظّم اسمه «**فَأَجْعَلَكَ أُمَّةً عَظِيمَةً وَأُبَارِكَكَ وَأُعَظِّمَ اسْمَكَ**».[173]

---

(173) سفر التكوين، 12:2.

وإذ طلب منه أن يترك غنى أور الكلدانيين ، وعده أن يجعله بركة ، ويبارك مباركيه ، ويلعن لاعنيه «**وَتَكُونَ بَرَكَةً وَأُبَارِكُ مُبَارِكِيكَ ، وَلاَعِنَكَ أَلْعَنُهُ**».[174] اللهم صل وسلم وبارك على إبراهيم وآل إبراهيم إنك حميد مجيد.

وحين سأله أن يترك عشيرته وبيت أبيه ، قال له: ستتبارك فيك جميع قبائل الأرض «**وَتَتَبَارَكُ فِيكَ جَمِيعُ قَبَائِلِ الأَرْضِ**».[175]

حين تخلّى أبرام عليه السلام عن كلّ شيء ، لم يعش محرومًا ، بل تمتع بوعود الله تعالى ، ولم يتمتع بما لنفسه فحسب ، وإنّما لحساب الجماعة كلّها ، بل ولحساب البشريّة ، إذ قيل لأبرام عليه السلام تتبارك (فيك جميع قبائل الأرض). وما نعمة الاسلام ، ورسول الاسلام ، خاتم الانبياء الاّ من بركات دعائه.

لقد وفّى الله تعالى بوعوده لأبرام، بعد خروجه من أور، وأعطاه شُهرةً وغنىً ، وجعله بركةً للناس ، ورزقه ذرية صالحة وجعل في ذريته النبوة والكتاب ﴿ **وَبَشَّرْنَاهُ بِإِسحَقَ نَبِيّاً مِّنَ الصَّالِحِينَ** ﴾،[176] ﴿ **وَوَهَبنَا لَهُ إِسحَقَ وَيَعقُوبَ كُلاًّ هَدَينَا وَنُوحاً هَدَينَا مِن قَبلُ وَمِن ذُرِّيَّتِهِ دَاوُودَ وَسُلَيمَانَ وَأَيُّوبَ وَيُوسُفَ وَمُوسَى وَهَارُونَ وَكَذَلِكَ نَجزِي المُحسِنِينَ * وَزَكَرِيَّا وَيَحيَى وَعِيسَى وَإِليَاسَ كُلٌّ مِّنَ الصَّالِحِينَ * وَإِسمَاعِيلَ وَاليَسَعَ وَيُونُسَ وَلُوطاً وَكُلاًّ فضَّلنَا عَلَى العَالَمِينَ * وَمِن آبَائِهِم وَذُرِّيَّاتِهِم وَإِخوَانِهِم وَاجتَبَينَاهُم وَهَدَينَاهُم إِلَى صِرَاطٍ مُّستَقِيمٍ** ﴾.[177]

وبدّل أو قَلَبَ جميع الأُمور والأحوال التي تؤدي بإبراهيم إلى الاستياء، إلى الضدّ. فعبدة الأوثان في بابل أرادوا إحراقه بالنّار، فتبدلت روضةً وسلاماً. وأرادوه أن يبقى منفرداً معزولا عن الناس، فوهب الله له أُمّةً عظيمة وجعل النّبوة في ذريته. كان إبراهيم عليه السلام شخصاً مرفوضاً من أبناء قومه، بل وحتى من أفراد عائلته، واليوم تفتخر به غالبية سكان الكرة الارضية

---

(174) سفر التكوين، 12:2 تتمة المقطع السابق.
(175) سفر التكوين، 12:3.
(176) الصافات، 112.
(177) الأنعام، 84 – 87.

كأب روحي. كان بعض أقاربه ضالاً وعابداً للأصنام فوهبه الله أبناءً مهتدين وهادين للآخرين، ولم يكن لإبراهيم عليه السلام في بداية حياته مال ولا جاه، فوهب له الله مالاً وجاهاً عظيماً، وكان إبراهيم عليه السلام في بداية أمره مجهولاً بين الناس حتى أن عبدة الأوثان في بابل حين أرادوا تعريفه (قالوا سمعنا فتىً يذكرهم يقال له إبراهيم)، لكن الله سبحانه رفع مقامه وأعلى صيته، حتى أنّه إذا ورد ذكره، قيل في حقّه "شيخ الأنبياء" أو "شيخ المرسلين"، ووصفه تعالى أوصافاً ، ومنحه ألقاباً ، وقلّده أوسمة لم يمنحها لرسول من قبله أو من بعده؛ إنّه إمام الناس، ومقامه في بيت الله الحرام مصلّى ، وإنّه في الدنيا من المحسنين وفي الآخرة من الصالحين، واضح انه كان لإبراهيم عليه السلام مكانة خاصة عند الله تعالى ، فاتخذه لنفسه صديقاً ﴿ **وَاتَّخَذَ اللهُ إِبرَاهِيمَ خَلِيلاً** ﴾.(178)

يبلغ سكان العالم اليوم حوالي سبع مليارات نسمة ، وعدد معتنقي الدين الابراهيمي يشكل غالبيتهم حوالي 60% وهكذا نشر إبراهيم عليه السلام بهجرته دين الله الحنيف في أرجاء المعمورة.

رجل اشتهر بالكرم ، والضيافة ، والشجاعة ، والرحمة ، والبركة ، والذكاء. لم يأتِ رجل مثل إبراهيم عليه السلام وقد أمرنا تعالى باتخاذ إبراهيم عليه السلام أسوةً حسنة ﴿ **قَد كَانَت لَكُم أُسوَةٌ حَسَنَةٌ فِي إِبرَاهِيمَ** ﴾.(179) كان إبراهيم عليه السلام بطلاً موحداً لم تأتِ شخصية تقليدية دينية مثله ، لكن كيف وصل عليه السلام إلى هذا المستوى من الإيمان و الثقة بالله؟

هذه الدعوة الإلهية للخروج موجّهة إلى كلّ نفس بشرية لكي تنطلق لا من مكان معيّن ، أو عشيرة ، أو وطن ما ، وإنّما تنطلق بالقلب خارج محبّة العالم والذات (الأنا) ، لكي تلتقي بالله تعالى ، ليسكن في قلبها. إنّها دعوة للأجيال كلّها للخروج من عالم الشرك إلى عالم التوحيد ، من عالم الكُفر إلى عالم الايمان والسعادة.

---

(178) النساء، 125.
(179) الممتحنة، 4.

أرضنا هي جسدنا وشهواته ، فنذهب بلياقة من أرضنا ، فنترك عاداتنا الجسدية ونلتصق بالخُلق الروحية الالهية ، ننقل أنفسنا من الكبرياء إلى التواضع ، ومن الجزع إلى الصبر ، ومن الانحلال إلى العفّة ، ومن الطمع إلى السخاء ، ومن القساوة إلى اللطف ، ومن الكراهية والبغض إلى المحبّة. ومَن يتغير هكذا قربة إلى الله ، يكون قد ترك أرضه وخرج من فكره الأرضي الجسدي إلى السمو والارتقاء على سلّم التكامل الانساني بالإيمان لا بالعيان.

الاختبار الثالث: القحط والمجاعة في أرض كنعان

بدعوة من الله تعالى ترك أبرام عليه السلام وطنه وأرض آبائه، ولكنه عندما وصل الى مستقرّه، أرض كنعان ، وجد أنّ جوعاً شديداً كان سارياً في البلاد. كان هذا اختباراً آخر لإيمان أبرام، هل سيُغيّر أبرام رأيه عن الله بسبب المجاعة؟ وماذا سيفعل ؟ هل سيرجع إلى أور العراق ؟ وكانت المجاعات تتكرر في أرض كنعان ، وكان العلاج هو النزول إلى مصر حيث نهر النيل والبركات.

الدرس البليغ للجميع من هذا الاختبار أن المصاعب والتحديات قد تحصل حتى للناس الطيبين، ويمكن أن تهزّنا من الاعماق ولكن ليس من الضروري أن تهزّ إيماننا. (من صبر ظفر). ظلّ إبراهيم عليه السلام صامداً في إيمانه، فأغناه الله سبحانه وأكرمه وقرّبه اليه.

ومع هذا لم يشعر أبرام عليه السلام أنّه أخطأ التصرّف بخروجه من أرضه وبيت أبيه ، ولم يتذمّر على الله قائلاً أخرجتني من أرض أبي أرض الخيرات إلى أرض مجاعات ، ولا استهان بوعد الله له أنّه يُعطيه هذه الأرض كونها أرض مجاعات. وعليه فإنّه بسبب الجوع في كنعان ، انحدر أبرام عليه السلام إلى مصر ؛ لأنّ الجوع في الأرض كان شديداً «**وَحَدَثَ جُوعٌ فِي الأَرْضِ ، فَانْحَدَرَ أبرام إلى مِصْرَ لِيَتَغَرَّبَ هُنَاكَ ، لأَنَّ الْجُوعَ فِي الأَرْضِ كَانَ شَدِيدًا**».[180]

(180) سفر التكوين، 12:10.

يشعر مفسّرو التوراة أن أبرام عليه السلام أخطأ بانحداره إلى مصر ، إذ جاء إليها دون رسالة صريحة من قبل الله ، كما حدث مع حفيده يعقوب عليه السلام ، حيث قال له الربّ: أنا أنزل معك إلى مصر «**فَكَلَّمَ اللهُ إِسْرَائِيلَ فِي رُؤَى اللَّيْلِ وَقَالَ: يَعْقُوبُ ، يَعْقُوبُ. فَقَالَ: هأَنَذَا. فَقَالَ: أَنَا اللهُ ، إِلهُ أَبِيكَ. لاَ تَخَفْ مِنَ النُّزُولِ إِلى مِصْرَ ، لأَنِّي أَجْعَلُكَ أُمَّةً عَظِيمَةً هُنَاكَ. أَنَا أَنْزِلُ مَعَكَ إِلى مِصْرَ ، وَأَنَا أُصْعِدُكَ أَيْضًا. وَيَضَعُ يُوسُفُ يَدَهُ عَلَى عَيْنَيْكَ**».(181)

كذلك لم يكن الجوع قادرًا أن يغلب اسحاق عليه السلام ، حيث قال له الربّ: لا تنزل مصر ، أسكن في هذه الأرض فأكون معك «**وَكَانَ فِي الأَرْضِ جُوعٌ غَيْرُ الْجُوعِ الأَوَّلِ الَّذِي كَانَ فِي أَيَّامِ إِبْرَاهِيمَ ، فَذَهَبَ إِسْحَاقُ إِلَى أَبِيمَالِكَ مَلِكِ الْفِلِسْطِينِيِّينَ ، إِلى جَرَارَ. وَظَهَرَ لَهُ الرَّبُّ وَقَالَ لاَ تَنْزِلْ إِلى مِصْرَ. اسْكُنْ فِي الأَرْضِ الَّتِي أَقُولُ لَكَ**».(182)

كان نزول أبرام عليه السلام مصر ، يُمثّل الإنسان الذي دخل إلى أرض الموعد ، لكنه سرعان ما اتكل على الذراع البشرى ، فنزل لطلب العون الإنساني لا الإلهي.

وبقدر ما صوّرت لنا التوراة أبرام عليه السلام في أروع صوره ، وهو خارج في طاعته للدعوة الإلهية ، يتكئ على وعد الله الصادق بإيمان مطلق ، إذ به يكشف عن ضعفه في صورة بشرية مؤلمة ، فقد اتكأ على أرض مصر ، وقد عرف ما اتسم به المصريون في ذلك الحين من شهوات جسدية ، وكاد يفقد زوجته.

لم يذكر القرآن الكريم شيئاً بخصوص القحط في أرض كنعان أو نزول أبرام عليه السلام مصر.

الاختبار الرابع: الرحيل إلى مصر واختطاف (سارة)

إعتقد بعض مفسري التوراة أنّ أبرام عليه السلام أخطأ بنزوله أرض مصر دون الرجوع إلى الله ، أو انتظار إعلاناته له ، وقد سحبه الخطأ إلى أخطاء

(181) سفر التكوين، 46:2-4.
(182) سفر التكوين، 26:1-2.

متوالية، فسأل امرأته ان تقول إنها اخته خوفاً من أن يقتلوه ويأخذوها منه غصباً «**وَحَدَثَ لَمَّا قَرُبَ أَنْ يَدْخُلَ مِصْرَ أَنَّهُ قَالَ لِسَارَايَ امْرَأَتِهِ إِنِّي قَدْ عَلِمْتُ أَنَّكِ امْرَأَةٌ حَسَنَةُ الْمَنْظَرِ فَيَكُونُ إِذَا رَآكِ الْمِصْرِيُّونَ أَنَّهُمْ يَقُولُونَ هذِهِ امْرَأَتُهُ فَيَقْتُلُونَنِي وَيَسْتَبْقُونَكِ ، قُولِي إِنَّكِ أُخْتِي ، لِيَكُونَ لِي خَيْرٌ بِسَبَبِكِ وَتَحْيَا نَفْسِي مِنْ أَجْلِكِ**».(183)

وما توقعه أبرام عليه السلام حصل وأُخذت امرأته الى بيت فرعون «**فَحَدَثَ لَمَّا دَخَلَ أبرام إلى مِصْرَ أَنَّ الْمِصْرِيِّينَ رَأَوْا الْمَرْأَةَ أَنَّهَا حَسَنَةٌ جِدًّا وَرَآهَا رُؤَسَاءُ فِرْعَوْنَ وَمَدَحُوهَا لَدَى فِرْعَوْنَ ، فَأُخِذَتِ الْمَرْأَةُ إِلى بَيْتِ فِرْعَوْنَ**».(184)

فأعطى فرعون إلى أبرام عليه السلام خيراً كثيراً ، مُعتقداً أنّه أخوها ، على أمل ان يتزوجها «**فَصَنَعَ إلى أبرام خَيْرًا بِسَبَبِهَا ، وَصَارَ لَهُ غَنَمٌ وَبَقَرٌ وَحَمِيرٌ وَعَبِيدٌ وَإِمَاءٌ وَأُتُنٌ وَجِمَالٌ**»،(185) ولكن فرعون عندما مدّ يده ليلمس ساراي ضربه الله «**فَضَرَبَ الرَّبُّ فِرْعَوْنَ وَبَيْتَهُ ضَرَبَاتٍ عَظِيمَةً بِسَبَبِ سَارَايَ امْرَأَةِ أبرام**».(186) لم تذكر التوراة ماهيّة الضربات ، وقيل: انه شُلّت يده وقيل إنّ دمامل بثور طلعت على جلد فرعون وحاشيته «**فَدَعَا فِرْعَوْنُ أبرام وَقَالَ مَا هذَا الَّذِي صَنَعْتَ بِي ؟ لِمَاذَا لَمْ تُخْبِرْنِي أَنَّهَا امْرَأَتُكَ ؟ وَالآنَ هُوَذَا امْرَأَتُكَ خُذْهَا وَاذْهَبْ فَأَوْصَى عَلَيْهِ فِرْعَوْنُ رِجَالًا فَشَيَّعُوهُ وَامْرَأَتَهُ وَكُلَّ مَا كَانَ لَهُ**».(187)

لم تذكر التوراة أنّ (هاجر) رافقت أبرام وساراي عليهما السلام عند رجوعهما من مصر، أو أنها كانت من ضمن الهدايا التي قدمها فرعون الى أبرام. لكن ورد في (المدرش) أنّه قبل ان يغادر أبرام القصر، أمر فرعون أن تصبح ابنته الأميرة هاجر خادمة في بيت أبرام، قائلاً: الأفضل لابنتي هاجر ان تكون خادمة في بيت أبرام من ان تكون أميرة في بيت آخر. وقيل إنّه عندما أراد فرعون سوءاً بسارة عليهما السلام سمعها تدعو الى الله، وأنّ

---

(183) سفر التكوين، 12:11–13.
(184) سفر التكوين، 12:14–15.
(185) سفر التكوين، 12:16.
(186) سفر التكوين، 12:17.
(187) سفر التكوين، 12:18–20.

يداه شُلّت حال دعائها، فقال فرعون: إدعِ ربك أن يشفي يداي، وعاهدها أن لا يمسّها، ففعلت فشفى الله يديه، فأهدى إليها الأميرة هاجر إكراماً لها ولدعائها.(188)

لم يذكر القرآن الكريم شيئاً بخصوص الرحيل الى مصر أو اختطاف سارة ، واستبعد المفسرون المسلمون ان يُقدم أبرام عليه السلام على هكذا عمل ، ويعرّض زوجته إلى أجواء كهذه. وكانت سارة في الخامسة والستين من عمرها.

الاختبار الخامس: إنقاذ (لوط) من الأسر

رجع أبرام عليه السلام من مصر إلى أرض كنعان غنياً جداً «**فَصَعِدَ أبرام مِنْ مِصْرَ هُوَ وَامْرَأَتُهُ وَكُلُّ مَا كَانَ لَهُ ، وَلُوطٌ مَعَهُ إِلى الْجَنُوبِ وَكَانَ أبرام غَنِيًّا جِدًّا فِي الْمَوَاشِي وَالْفِضَّةِ وَالذَّهَبِ**».(189) وكان للوط عليه السلام غنم وبقر أيضاً «**وَلُوطٌ السَّائِرُ مَعَ أبرام ، كَانَ لَهُ أَيْضًا غَنَمٌ وَبَقَرٌ وَخِيَامٌ**».(190)

فحدثت مخاصمة بين رعاة مواشي أبرام عليه السلام ، ورعاة مواشي لوط عليه السلام «**وَلَمْ تَحْتَمِلْهُمَا الأَرْضُ أَنْ يَسْكُنَا مَعًا ، إِذْ كَانَتْ أَمْلاَكُهُمَا كَثِيرَةً ، فَلَمْ يَقْدِرَا أَنْ يَسْكُنَا مَعًا فَحَدَثَتْ مُخَاصَمَةٌ بَيْنَ رُعَاةِ مَوَاشِي أبرام وَرُعَاةِ مَوَاشِي لُوطٍ**».(191) «**فَقَالَ أبرام لِلُوطٍ لاَ تَكُنْ مُخَاصَمَةٌ بَيْنِي وَبَيْنَكَ ، وَبَيْنَ رُعَاتِي وَرُعَاتِكَ ، لأَنَّنَا نَحْنُ أَخَوَانِ أَلَيْسَتْ كُلُّ الأَرْضِ أَمَامَكَ؟ اعْتَزِلْ عَنِّي. إِنْ ذَهَبْتَ شِمَالاً فَأَنَا يَمِينًا ، وَإِنْ يَمِينًا فَأَنَا شِمَالاً**».(192)

فقررا الاعتزال عن بعض ، فاختار لوط لنفسه دائرة الأردن ، ونقل خيامه إلى (سدوم) ، وسكن أبرام عليه السلام أولاً في أرض كنعان «**فَرَفَعَ لُوطٌ عَيْنَيْهِ وَرَأَى كُلَّ دَائِرَةِ الأُرْدُنِّ أَنَّ جَمِيعَهَا سَقْيٌ ، قَبْلَمَا أَخْرَبَ الرَّبُّ سَدُومَ وَعَمُورَةَ ، كَجَنَّةِ الرَّبِّ ، كَأَرْضِ مِصْرَ. حِينَمَا تَجِيءُ إِلى صُوغَرَ فَاخْتَارَ لُوطٌ لِنَفْسِهِ كُلَّ دَائِرَةِ الأُرْدُنِّ ، وَارْتَحَلَ لُوطٌ شَرْقًا. فَاعْتَزَلَ الْوَاحِدُ عَنِ الآخَرِ**

(188) مدرش 1، ص 133.
(189) سفر التكوين، 2–13:1.
(190) سفر التكوين، 13:5.
(191) سفر التكوين، 7-13:6.
(192) سفر التكوين، 9-13:8.

أبرام سَكَنَ فِي أَرْضِ كَنْعَانَ ، وَلُوطٌ سَكَنَ فِي مُدُنِ الدَّائِرَةِ ، وَنَقَلَ خِيَامَهُ إلى سَدُومَ وَكَانَ أَهْلُ سَدُومَ أَشْرَارًا وَخُطَاةً لَدَى الرَّبِّ جِدًّا».[193]

ثم انتقل أبرام عليه السلام إلى حبرون (مدينة الخليل) وأقام هناك «**فَنَقَلَ أبرام خِيَامَهُ وَأَتَى وَأَقَامَ عِنْدَ بَلُّوطَاتِ مَمْرَا الَّتِي فِي حَبْرُونَ ، وَبَنَى هُنَاكَ مَذْبَحًا لِلرَّبِّ».**[194]

ثم حدثت حرب بين ممالك دائرة الاردن ، وأخذوا جميع أملاك سدوم وعمورة ، وسقط لوط عليه السلام وعائلته أسرى ، وصارت ممتلكاتهم غنيمة لأنّه كان ساكناً في سدوم «**فَأَخَذُوا جَمِيعَ أَمْلاَكِ سَدُومَ وَعَمُورَةَ وَجَمِيعَ أَطْعِمَتِهِمْ وَمَضَوْا وَأَخَذُوا لُوطًا ابْنَ أَخِي أبرام وَأَمْلاَكَهُ وَمَضَوْا ، إِذْ كَانَ سَاكِنًا فِي سَدُومَ».**[195]

«**فَلَمَّا سَمِعَ أبرام ، أَنَّ أَخَاهُ سُبِيَ جَرَّ غِلْمَانَهُ الْمُتَمَرِّنِينَ ، وِلْدَانَ بَيْتِهِ ، ثَلاَثَ مِئَةٍ وَثَمَانِيَةَ عَشَرَ ، وَتَبِعَهُمْ إلى دَانَ وَانْقَسَمَ عَلَيْهِمْ لَيْلاً هُوَ وَعَبِيدُهُ فَكَسَّرَهُمْ وَتَبِعَهُمْ إلى حُوبَةَ الَّتِي عَنْ شِمَالِ دِمَشْقَ وَاسْتَرْجَعَ كُلَّ الأَمْلاَكِ ، وَاسْتَرْجَعَ لُوطًا أَخَاهُ أَيْضًا وَأَمْلاَكَهُ ، وَالنِّسَاءَ أَيْضًا وَالشَّعْبَ»**[196] أنقذ لوطاً من الأسر، ورجع منتصراً وكان إبراهيم عليه السلام يقارب الثمانين من عمره ، ما شاء الله.

لم يذكر القرآن الكريم شيئاً بهذا الخصوص ، لكن (السيد نعمة الله الجزائري) يذكُر في كتابه: أنّ أول من قاتل في سبيل الله إبراهيم الخليل عليه السلام ، حيث أسرت الروم لوطاً عليه السلام ، فنفر إبراهيم عليه السلام واستنقذه من أيديهم.[197]

الاختبار السادس: رؤيا نفي نسل إبراهيم واضطهادهم

سمع أبرام عليه السلام صوت الرب في المنام قائلاً: إعلم يقينا أن نسلك سيكون غريبا في أرض ليست لهم ، ويستعبدون لهم ، فيذلونهم أربع مئة سنة ، وفي

(193) سفر التكوين، 13:10-13.
(194) سفر التكوين، 13:18.
(195) سفر التكوين، 14:11-12.
(196) سفر التكوين، 14:14-16.
(197) النور المبين في قصص الانبياء والمرسلين، مصدر سابق، ص 91.

الجيل الرابع يرجعون إلى ههنا ، لأن ذنب الأموريين[198] ليس إلى الآن كاملا ، وكان إبراهيم عليه السلام حينئذٍ في الخامسة والثمانين من عُمره ولم يُرزق بطفلٍ بعد «**وَلَمَّا صَارَتِ الشَّمْسُ إِلى الْمَغِيبِ ، وَقَعَ عَلَى أبرام سُبَاتٌ ، وَإِذَا رُعْبَةٌ مُظْلِمَةٌ عَظِيمَةٌ وَاقِعَةٌ عَلَيْهِ فَقَالَ لأبرام اعْلَمْ يَقِينًا أَنَّ نَسْلَكَ سَيَكُونُ غَرِيبًا فِي أَرْضٍ لَيْسَتْ لَهُمْ ، وَيُسْتَعْبَدُونَ لَهُمْ. فَيُذِلُّونَهُمْ أَرْبَعَ مِئَةِ سَنَةٍ ثُمَّ الأُمَّةُ الَّتِي يُسْتَعْبَدُونَ لَهَا أَنَا أَدِينُهَا ، وَبَعْدَ ذلِكَ يَخْرُجُونَ بِأَمْلاَكٍ جَزِيلَةٍ وَأَمَّا أَنْتَ فَتَمْضِي إِلى آبَائِكَ بِسَلاَمٍ وَتُدْفَنُ بِشَيْبَةٍ صَالِحَةٍ وَفِي الْجِيلِ الرَّابعِ يَرْجِعُونَ إِلى ههُنَا ، لأَنَّ ذَنْبَ الأَمُورِيِّينَ لَيْسَ إِلى الآنَ كَامِلًا**».[199]

وفي ذلك اليوم قطع الرب مع أبرام عليه السلام ميثاقاً ، قائلاً: لنسلك أعطي هذه الأرض ، من نهر مصر إلى نهر الفرات «**ثُمَّ غَابَتِ الشَّمْسُ فَصَارَتِ الْعَتَمَةُ ، وَإِذَا تَنُّورُ دُخَانٍ وَمِصْبَاحُ نَارٍ يَجُوزُ بَيْنَ تِلْكَ الْقِطَعِ فِي ذلِكَ الْيَوْمِ قَطَعَ الرَّبُّ مَعَ أبرام مِيثَاقًا قَائِلًا لِنَسْلِكَ أُعْطِي هذِهِ الأَرْضَ ، مِنْ نَهْرِ مِصْرَ إِلى النَّهْرِ الْكَبِيرِ ، نَهْرِ الْفُرَاتِ**».[200]

تحققت رؤيا إبراهيم عليه السلام ، وكان يوسف عليه السلام أول من نُفي ، حيث بيع من قِبل إخوته كعبد في مصر ، ثم لحقه إخوته وكلّ عائلته؛ بسبب المجاعة الشديدة في أرض كنعان ، واستقروا في مصر الى حين تحريرهم من عبودية فرعون على يد موسى النبي عليه السلام بأمر من الله ، وذلك بعد ان أقام بنو إسرائيل في مصر أربع مائة وثلاثين سنة ، ثم ارتحلوا ودخلوا الأرض المقدّسة.

لم يرد ذكر هذه الرؤيا في القرآن الكريم.

الاختبار السابع: عهد الختان

وبعد أربع وعشرين سنة من وصول أبرام عليه السلام إلى أرض كنعان ، قطع الله تعالى عهده الاول مع أبرام عليه السلام «**وَلَمَّا كَانَ أبرام ابْنَ تِسْعٍ وَتِسْعِينَ**

---

(198) القبائل التي كانت تسكن أرض كنعان آنذاك هم: الْقِينِيِّينَ وَالْقَنِزِّيِّينَ وَالْقَدْمُونِيِّين وَالْحِثِّيِّينَ وَالْفَرِزِّيِّينَ وَالرَّفَائِيِّينَ وَالأَمُورِيِّينَ وَالْكَنْعَانِيِّينَ وَالْجِرْجَاشِيِّينَ وَالْيَبُوسِيِّينَ.

(199) سفر التكوين، 16–15:12.

(200) سفر التكوين، 15:18.

سَنَةً ظَهَرَ الرَّبُّ لأبرام وَقَالَ لَهُ أَنَا اللهُ الْقَدِيرُ. سِرْ أَمَامِي وَكُنْ كَامِلًا ، فَأَجْعَلَ عَهْدِي بَيْنِي وَبَيْنَكَ ، وَأُكَثِّرَكَ كَثِيرًا جِدًّا».[201]

فلا يدعى اسمك بعد أبرام[202] بل يكون اسمك إبراهيم «**فَلاَ يُدْعَى اسْمُكَ بَعْدُ أبرام بَلْ يَكُونُ اسْمُكَ إِبْرَاهِيمَ ، لأَنِّي أَجْعَلُكَ أَبًا لِجُمْهُورٍ مِنَ الأُمَمِ وَأُثْمِرُكَ كَثِيرًا جِدًّا ، وَأَجْعَلُكَ أُمَمًا ، وَمُلُوكٌ مِنْكَ يَخْرُجُونَ وَأُقِيمُ عَهْدِي بَيْنِي وَبَيْنَكَ ، وَبَيْنَ نَسْلِكَ مِنْ بَعْدِكَ فِي أَجْيَالِهِمْ ، عَهْدًا أَبَدِيًّا ، لأَكُونَ إِلهًا لَكَ وَلِنَسْلِكَ مِنْ بَعْدِكَ وَأُعْطِي لَكَ وَلِنَسْلِكَ مِنْ بَعْدِكَ أَرْضَ غُرْبَتِكَ ، كُلَّ أَرْضِ كَنْعَانَ مُلْكًا أَبَدِيًّا. وَأَكُونُ إِلهَهُمْ».**[203]

لقد وفّى الله تعالى بوعده لإبراهيم عليه السلام فجعله أبًا لجمهورٍ كثير ، أباً للطوائف التوحيدية الثلاث، أباً لجميع المؤمنين اليهود والنصارى والمسلمين في العالم، أباً لخمسين بلداً اسلامياً، وثمانين بلداً مسيحياً، وبلداً يهودياً، وجعل منهم ملوكاً وأنبياء، وأعطى لنسله أرض كنعان ملكاً أبدياً.

ماذا تضمن العهد الالهي مع إبراهيم عليه السلام ؟ تذكر التوراة: «**أَمَّا أَنَا فَهُوَذَا عَهْدِي مَعَكَ».**[204] وذكر سبحانه وتعالى تعهداته والتزامات إبراهيم وكانت علامة العهد الختان.

«**وَقَالَ اللهُ لإِبْرَاهِيم وَأَمَّا أَنْتَ فَتَحْفَظُ عَهْدِي ، أَنْتَ وَنَسْلُكَ مِنْ بَعْدِكَ فِي أَجْيَالِهِمْ هذَا هُوَ عَهْدِي الَّذِي تَحْفَظُونَهُ بَيْنِي وَبَيْنَكُمْ ، وَبَيْنَ نَسْلِكَ مِنْ بَعْدِكَ: يُخْتَنُ مِنْكُمْ كُلُّ ذَكَرٍ ، فَتُخْتَنُونَ فِي لَحْمِ غُرْلَتِكُمْ ، فَيَكُونُ عَلاَمَةَ عَهْدٍ بَيْنِي وَبَيْنَكُمْ اِبْنَ ثَمَانِيَةِ أَيَّامٍ يُخْتَنُ مِنْكُمْ كُلُّ ذَكَرٍ فِي أَجْيَالِكُمْ: وَلِيدُ الْبَيْتِ ، وَالْمُبْتَاعُ بِفِضَّةٍ مِنْ كُلِّ ابْنِ غَرِيبٍ لَيْسَ مِنْ نَسْلِكَ يُخْتَنُ خِتَانًا وَلِيدُ بَيْتِكَ وَالْمُبْتَاعُ بِفِضَّتِكَ ، فَيَكُونُ عَهْدِي فِي لَحْمِكُمْ عَهْدًا أَبَدِيًّا وَأَمَّا الذَّكَرُ الأَغْلَفُ الَّذِي لاَ يُخْتَنُ فِي لَحْمِ غُرْلَتِهِ فَتُقْطَعُ تِلْكَ النَّفْسُ مِنْ شَعْبِهَا. إِنَّهُ قَدْ نَكَثَ عَهْدِي».**[205] وقال الله لإبراهيم عليه السلام ساراي لا تدعو

---

(201) سفر التكوين، 17:1-2.
(202) أبرام: معناه أب لأمة واحدة، وإبراهيم معناه أب لأمم كثيرة.
(203) سفر التكوين، 17:5-8.
(204) سفر التكوين، 17:4.
(205) سفر التكوين، 17:9-14.

اسمها ساراي (ساراي يعني أميرتي أو أميرة البيت) ، بل اسمها سارة (سارة يعني أميرة لجمهور أو أميرة للبشرية) ، **«وَقَالَ اللهُ لإِبْرَاهِيمَ سَارَايُ امْرَأَتُكَ لاَ تَدْعُو اسْمَهَا سَارَايَ ، بَلِ اسْمُهَا سَارَةُ».**[206] **«وَأُبَارِكُهَا وَأُعْطِيكَ أَيْضًا مِنْهَا ابْنًا. أُبَارِكُهَا فَتَكُونُ أُمَمًا ، وَمُلُوكُ شُعُوبٍ مِنْهَا يَكُونُونَ».**[207]

وهذه المرة الاولى التي يُعلن الله صراحة أنّ الوارث لإبراهيم عليه السلام يكون من سارة زوجته **«فَسَقَطَ إِبْرَاهِيمُ عَلَى وَجْهِهِ وَضَحِكَ ، وَقَالَ فِي قَلْبِهِ هَلْ يُولَدُ لابْنِ مِئَةِ سَنَةٍ؟ وَهَلْ تَلِدُ سَارَةُ وَهِيَ بِنْتُ تِسْعِينَ سَنَةً؟».**[208]

وافق إبراهيم عليه السلام على العهد مع الله تعالى وأصبح العهد نافذ المفعول من يومه الأول **«فَأَخَذَ إِبْرَاهِيمُ إِسْمَاعِيلَ ابْنَهُ ، وَجَمِيعَ وِلْدَانِ بَيْتِهِ ، وَجَمِيعَ الْمُبْتَاعِينَ بِفِضَّتِهِ ، كُلَّ ذَكَرٍ مِنْ أَهْلِ بَيْتِ إِبْرَاهِيمَ ، وَخَتَنَ لَحْمَ غُرْلَتِهِمْ فِي ذلِكَ الْيَوْمِ عَيْنِهِ كَمَا كَلَّمَهُ اللهُ».**[209] **«وَكَانَ إِبْرَاهِيمُ ابْنَ تِسْعٍ وَتِسْعِينَ سَنَةً حِينَ خُتِنَ فِي لَحْمِ غُرْلَتِهِ ، وَكَانَ إِسْمَاعِيلُ ابْنُهُ ابْنَ ثَلاَثَ عَشَرَةَ سَنَةً حِينَ خُتِنَ فِي لَحْمِ غُرْلَتِهِ فِي ذلِكَ الْيَوْمِ عَيْنِهِ خُتِنَ إِبْرَاهِيمُ وَإِسْمَاعِيلُ ابْنُهُ».**[210] ورد في (المدرش) أن إبراهيم عليه السلام ختن نفسه في وضح النهار، وخَتَن ابنه إسماعيل عليه السلام في نفس اليوم، كما خُتن في ذلك اليوم جميع ولدان بيته وتلاميذه ثلثمائة وثمانية عشر رجلاً، إضافة الى الخدم.[211]

في الحقيقة أنّ حياة إبراهيم عليه السلام هي سلسلة متواصلة من اللقاءات مع الله تعالى ، والتمتع بالوعود ، ولم يكن هذا عن محاباة ، وإنّما تأهّل إبراهيم عليه السلام لهذه العطايا الإلهية غير المنقطعة ، بسبب إيمانه الحيّ العملي ، وطاعته للربّ في كلّ شيء. كان إبراهيم عليه السلام يتحدث مع الله تعالى بصراحة وقلب مفتوح ، فسأله عن فائدة الارض والعطايا التي منحها له الربّ وهو ماضٍ بلا ذرية ترثه، فأكّد له الله تعالى وعده بتكثير نسله **«بَعْدَ هذِهِ الأُمُورِ صَارَ كَلاَمُ الرَّبِّ إلى أبرام فِي الرُّؤْيَا قَائِلًا لاَ تَخَفْ يَا أبرام. أَنَا تُرْسٌ لَكَ. أَجْرُكَ**

---

(206) سفر التكوين، 17:15.
(207) سفر التكوين، 17:16.
(208) سفر التكوين، 17:17.
(209) سفر التكوين، 17:23.
(210) سفر التكوين، 26–17:24.
(211) مدرش 1، ص 155.

كَثِيرٌ جِدًّا فقَالَ أبرام أَيُّهَا السَّيِّدُ الرَّبُّ ، مَاذا تُعْطِينِي وَأنَا مَاضٍ عَقِيمًا ، وَمَالِكُ بَيْتِي هُوَ أَلِيعَازَرُ الدِّمَشْقِيُّ؟ وَقَالَ أبرام أَيْضًا إِنَّكَ لَمْ تُعْطِنِي نَسْلًا ، وَهُوَذَا ابْنُ بَيْتِي وَارِثٌ لِي فَإِذَا كَلاَمُ الرَّبِّ إِلَيْهِ قَائِلًا لاَ يَرِثُكَ هذَا ، بَلِ الَّذِي يَخْرُجُ مِنْ أَحْشَائِكَ هُوَ يَرِثُكَ ثُمَّ أَخْرَجَهُ إلى خَارِجٍ وَقَالَ انْظُرْ إلى السَّمَاءِ وَعُدَّ النُّجُومَ إِنِ اسْتَطَعْتَ أَنْ تَعُدَّهَا. وَقَالَ لَهُ هكَذَا يَكُونُ نَسْلُكَ».(212)

عندما ولدت هاجر عليها السلام ، حَسِبَه إبراهيم عليه السلام ابنها الوارث له. والآن إذ بلغ الابن ثلاث عشرة سنة ، جاء الوعد بابن له من سارة عليها السلام ، عاد الله ليؤكد له أنّ سارة تلد لك ابنا وتدعو اسمه (إسحاق) وأقيم عهدًا أبديًا لنسله من بعده. اسحاق يعني «ضحك» أو «فرح» إذ ضحكت سارة عليها السلام في شيء من الشك في الولادة وضحك إبراهيم عليه السلام من فرط الدهشة ، بسبب تقدّم سنّهما.

وهنا طلب إبراهيم عليه السلام من الله تعالى أن يعيش إسماعيل عليه السلام أمامه «**وَقَالَ إِبْرَاهِيمُ للهِ لَيْتَ إِسْمَاعِيلَ يَعِيشُ أَمَامَكَ**».(213) فقال الله تعالى بل أقيم عهدي مع اسحاق عهدا أبديا لنسله من بعده، وأما إسماعيل فقد سمعت لك فيه ، ها أنا أباركه وأثمره وأكثّره كثيرا جدا ، اثني عشر رئيسا يلد ، وأجعله أمة كبيرة، ولكن عهدي أقيمه مع اسحاق «**فَقَالَ اللهُ بَلْ سَارَةُ امْرَأَتُكَ تَلِدُ لَكَ ابْنًا وَتَدْعُو اسْمَهُ إِسْحَاقَ. وَأُقِيمُ عَهْدِي مَعَهُ عَهْدًا أَبَدِيًّا لِنَسْلِهِ مِنْ بَعْدِهِ وَأَمَّا إِسْمَاعِيلُ فَقَدْ سَمِعْتُ لَكَ فِيهِ. هَا أَنَا أُبَارِكُهُ وَأُثْمِرُهُ وَأُكَثِّرُهُ كَثِيرًا جِدًّا. اِثْنَيْ عَشَرَ رَئِيسًا يَلِدُ ، وَأَجْعَلُهُ أُمَّةً كَبِيرَةً وَلكِنْ عَهْدِي أُقِيمُهُ مَعَ إِسْحَاقَ الَّذِي تَلِدُهُ لَكَ سَارَةُ فِي هذَا الْوَقْتِ فِي السَّنَةِ الآتِيَةِ**».(214)

ملخص بنود العهد الإلهي مع إبراهيم

التزامات إبراهيم وذريته (215)

1. الالتزام بالوصايا الإلهية
2. الحفاظ على علامة العهد – الختان

(212) سفر التكوين، 15:1–5.
(213) سفر التكوين، 17:18.
(214) سفر التكوين، 17:19–21.
(215) سفر التكوين، 10 و17:1.

وعد الله لإبراهيم وذريته(216)

1. أجعلك أباً لجمهور من الأمم
2. أكون إلهاً لك ولنسلك من بعدك
3. أعطي لك ولنسلك من بعدك كل أرض كنعان ملكاً أبدياً

وعد الله لسارة

1. أباركها وأعطيك منها ابناً
2. أباركها فتكون أمما، وملوك شعوب منها يكونون

وعد الله لإسماعيل(217)

1. أباركه وأثمره وأكثره كثيراً جداً
2. اثني عشر رئيساً يلد
3. أجعله أمة كبيرة

الاختبار الثامن: اختطاف (سارة) من قِبَل الملك (أبيمالك)!

لقد جاء في التوراة: أنّ إبراهيم عليه السلام كان يَتنقّل في أرض كنعان، وسكن فترة في منطقة جرار «**وَانْتَقَلَ إِبْرَاهِيمُ مِنْ هُنَاكَ إلى أَرْضِ الْجَنُوبِ، وَسَكَنَ بَيْنَ قَادِشَ وَشُورَ، وَتَغرَّبَ فِي جَرَارَ**»،(218) «**وَقَالَ إِبْرَاهِيمُ عَنْ سَارَةَ امْرَأَتِهِ هِيَ أُخْتِي**» (219) كما فعل في مصر. فأرسل (أبيمالك) ملك جَرار يأخذها لنفسه زوجةً، وكانت قد بلغت في ذلك الحين التسعين من عمرها، وجاءه ملاك الرب في منامه وهدد أبيمالك بالموت إن لم يردّ سارة الى بعلها «**فَأَرْسَلَ أَبِيمَالِكُ مَلِكُ جَرَارَ وَأَخَذَ سَارَةَ**».(220) «**فَجَاءَ اللهُ إلى أَبِيمَالِكَ فِي حُلْمِ اللَّيْلِ وَقَالَ لَهُ هَا أَنْتَ مَيِّتٌ مِنْ أَجْلِ الْمَرْأَةِ الَّتِي أَخَذْتَهَا، فَإِنَّهَا مُتَزَوِّجَةٌ بِبَعْل وَلكِنْ لَمْ يَكُنْ أَبِيمَالِكُ قَدِ اقْتَرَبَ إِلَيْهَا**».(221) «**فَالآنَ رُدَّ**

(216) سفر التكوين، 4-8: 17.
(217) سفر التكوين، 20: 17.
(218) سفر التكوين، 20:1.
(219) سفر التكوين، 20:2.
(220) سفر التكوين، 20:2. تتمة المقطع السابق.
(221) سفر التكوين، 4-20:3.

امْرَأَةَ الرَّجُلِ ، فَإِنَّهُ نَبِيٌّ ، فَيُصَلِّيَ لأَجْلِكَ فَتَحْيَا وَإِنْ كُنْتَ لَسْتَ تَرُدُّهَا ، فَاعْلَمْ أَنَّكَ مَوْتًا تَمُوتُ ، أَنْتَ وَكُلُّ مَنْ لَكَ».[222]

وكان أبيمالك (أبي مالك) ملكًا للفلسطينيين وثنيًا، وقد أصيب بالذعر بسبب رؤياه فأغنى إبراهيم ليطيّب خاطره وردّ اليه امرأته «**فَبَكَّرَ أَبِيمَالِكُ فِي الْغَدِ وَدَعَا جَمِيعَ عَبِيدِهِ ، وَتَكَلَّمَ بِكُلِّ هذَا الْكَلاَمِ فِي مَسَامِعِهِمْ ، فَخَافَ الرِّجَالُ جِدًّا ثُمَّ دَعَا أَبِيمَالِكُ إِبْرَاهِيمَ وَقَالَ لَهُ مَاذَا فَعَلْتَ بِنَا ؟ وَبِمَاذَا أَخْطَأْتُ إِلَيْكَ حَتَّى جَلَبْتَ عَلَيَّ وَعَلَى مَمْلَكَتِي خَطِيَّةً عَظِيمَةً ؟ أَعْمَالاً لاَ تُعْمَلُ عَمِلْتَ بِي، وَقَالَ أَبِيمَالِكُ لإِبْرَاهِيمَ مَاذَا رَأَيْتَ حَتَّى عَمِلْتَ هذَا الشَّيْءَ ؟ فَقَالَ إِبْرَاهِيمُ إِنِّي قُلْتُ لَيْسَ فِي هذَا الْمَوْضِعِ خَوْفُ اللهِ الْبَتَّةَ ، فَيَقْتُلُونَنِي لأَجْلِ امْرَأَتِي وَبِالْحَقِيقَةِ أَيْضًا هِيَ أُخْتِي ابْنَةُ أَبِي ، غَيْرَ أَنَّهَا لَيْسَتِ ابْنَةَ أُمِّي ، فَصَارَتْ لِي زَوْجَةً، وَحَدَثَ لَمَّا أَتَاهَنِي اللهُ مِنْ بَيْتِ أَبِي أَنِّي قُلْتُ لَهَا هذَا مَعْرُوفُكِ الَّذِي تَصْنَعِينَ إِلَيَّ فِي كُلِّ مَكَانٍ نَأْتِي إِلَيْهِ قُولِي عَنِّي هُوَ أَخِي».**[223] «**فَأَخَذَ أَبِيمَالِكُ غَنَمًا وَبَقَرًا وَعَبِيدًا وَإِمَاءً وَأَعْطَاهَا لإِبْرَاهِيمَ ، وَرَدَّ إِلَيْهِ سَارَةَ امْرَأَتَهُ**»،[224] «**فَصَلَّى إِبْرَاهِيمُ إِلى اللهِ ، فَشَفَى اللهُ أَبِيمَالِكَ وَامْرَأَتَهُ وَجَوَارِيَهُ فَوَلَدْنَ لأَنَّ الرَّبَّ كَانَ قَدْ أَغْلَقَ كُلَّ رَحِمٍ لِبَيْتِ أَبِيمَالِكَ بِسَبَبِ سَارَةَ امْرَأَةِ إِبْرَاهِيمَ**».[225]

ورد في (المدرش)[226] أن أبيمالك تمنّى أن تفقد ذرية سارة وإبراهيم أبصارهم كما أن الملك وحاشيته فقدوا راحتهم بسبب الذعر والألم الذي سببوه لهم لأنهما لم يتكلما بصدق كونهما متزوجين، وانّ الملك تصرّف ببراءة وأخذ سارة من إبراهيم كونها أخته، وربّما تحققت أمنية أبيمالك لأن إسحاق فقد بصره في شيحوخته.

الاختبار التاسع: طرد (هاجر) و (اسماعيل) من بيتهما

تذكر (التوراة) أن (هاجر) عليها السلام خرجت من بيت مولاتها مرتين ، الأولى: عندما هربت عليها السلام من مولاتها أثناء حملها بإسماعيل عليه السلام ، والثانية : حينما طُردت وابنها إسماعيل عليهما السلام سوية.

---

(222) سفر التكوين، 20:7.
(223) سفر التكوين، 13-8:20
(224) سفر التكوين، 20:14
(225) سفر التكوين، 18-20:17.
(226) مدرش 1، ص 182.

إذ بقيت سارة عليها السلام عشر سنين مع إبراهيم عليه السلام في أرض كنعان ولم تنجب كما توقعت من وعود الربّ ، يصف مفسّرو التوراة أنّ سارة سارعت واستخدمت التفكير البشري المحض لتحقيق وعود الله ، فطلبت من رجلها أن يدخل على جاريتها المصرية هاجر. وأضافوا أنّ هذا العمل يمثل اتكال الإنسان على ذاته ، ويخطّط لنفسه دون الرجوع إلى الربّ وطلب مشورته «**وَأَمَّا سَارَايُ امْرَأَةُ أبرام فَلَمْ تَلِدْ لَهُ. وَكَانَتْ لَهَا جَارِيَةٌ مِصْرِيَّةٌ اسْمُهَا هَاجَرُ ، فَقَالَتْ سَارَايُ لأبرام: هُوَذَا الرَّبُّ قَدْ أَمْسَكَنِي عَنِ الْوِلاَدَةِ. ادْخُلْ عَلَى جَارِيَتِي لَعَلِّي أُرْزَقُ مِنْهَا بَنِينَ. فَسَمِعَ أبرام لِقَوْلِ سَارَايَ فَأَخَذَتْ سَارَايُ امْرَأَةُ أبرام هَاجَرَ الْمِصْرِيَّةَ جَارِيَتَهَا ، مِنْ بَعْدِ عَشَرِ سِنِينَ لإِقَامَةِ أبرام فِي أَرْضِ كَنْعَانَ ، وَأَعْطَتْهَا لأبرام رَجُلِهَا زَوْجَةً لَهُ. فَدَخَلَ عَلَى هَاجَرَ فَحَبِلَتْ**».[227] رُبّما أنّ سارة عليها السلام ظنّت أن عدم الإنجاب يرجع إلى زوجها ، لذلك سلمته لتمتحن الأمر ، وإذ رأت هاجر ، قد حملت اغتمت للغاية إذ أدركت أن سرّ العقم هو فيها، فأذلتها سارة فهربت هاجر من وجهها «**وَلَمَّا رَأَتْ أَنَّهَا حَبِلَتْ صَغُرَتْ مَوْلاَتُهَا فِي عَيْنَيْهَا. فَقَالَتْ سَارَايُ لأبرام ظُلْمِي عَلَيْكَ! أَنَا دَفَعْتُ جَارِيَتِي إِلَى حِضْنِكَ ، فَلَمَّا رَأَتْ أَنَّهَا حَبِلَتْ صَغُرْتُ فِي عَيْنَيْهَا. يَقْضِي الرَّبُّ بَيْنِي وَبَيْنَكَ. فَقَالَ أبرام لِسَارَايَ: هُوَذَا جَارِيَتُكِ فِي يَدِكِ افْعَلِي بِهَا مَا يَحْسُنُ فِي عَيْنَيْكِ فَأَذَلَّتْهَا سَارَايُ فَهَرَبَتْ مِنْ وَجْهِهَا**».[228]

فوجد ملاك الرب هاجر في برّيّة (بئر سبع) وشجعها على الرجوع الى بيت مولاتها، وبشرها بميلاد ابنها اسماعيل وأخبرها أن الرب قد سمع لمَذلّتك «**فَوَجَدَهَا مَلاَكُ الرَّبِّ عَلَى عَيْنِ الْمَاءِ فِي الْبَرِّيَّةِ ، عَلَى الْعَيْنِ الَّتِي فِي طَرِيقِ شُورَ وَقَالَ يَا هَاجَرُ جَارِيَةَ سَارَايَ ، مِنْ أَيْنَ أَتَيْتِ؟ وَإِلَى أَيْنَ تَذْهَبِينَ؟. فَقَالَتْ أَنَا هَارِبَةٌ مِنْ وَجْهِ مَوْلاَتِي سَارَايَ. فَقَالَ لَهَا مَلاَكُ الرَّبِّ ارْجِعِي إِلَى مَوْلاَتِكِ وَاخْضَعِي تَحْتَ يَدَيْهَا. وَقَالَ لَهَا مَلاَكُ الرَّبِّ تَكْثِيرًا أُكَثِّرُ نَسْلَكِ فَلاَ يُعَدُّ مِنَ الْكَثْرَةِ. وَقَالَ لَهَا مَلاَكُ الرَّبِّ: هَا أَنْتِ حُبْلَى ، فَتَلِدِينَ ابْنًا وَتَدْعِينَ اسْمَهُ إِسْمَاعِيلَ ، لأَنَّ الرَّبَّ قَدْ سَمِعَ لِمَذَلَّتِكِ**».[229]

---

(227) سفر التكوين، 16:1–4.
(228) سفر التكوين، 16:5–6.
(229) سفر التكوين، 16:7-11 .

واضح - بحسب النصّ التوراتيّ - أنّ ملاك الرّب هو الذي سمّى مولودها "إسماعيل" لأن الرب سمع لمذلّة هاجر. و(إسماعيل) يعني سمع الله، وهو اسم عبري مركّب من كلمتين: "إسمع" من السماع و "ئيل" اسم الله. ورد في (المدرش) ان الله تعالى سمّى أربعة أشخاص فقط قبل ولادتهم وأن اسماعيل بن هاجر واحد منهم، وهذا يشير الى عظمة هؤلاء المواليد. أما المواليد الثلاثة الأخرين فهم اسحاق بن إبراهيم، شلومو، و يوشي ياهو.[230]

لقد طيّبت كلمات ملاك الرب خاطر هاجر وأراحتها فرجعت إلى بيت مولاتها فَرِحةً، وولدت هناك إسماعيل «**فَوَلَدَتْ هَاجَرُ لأبرام ابْنًا. وَدَعَا أبرام اسْمَ ابْنِهِ الَّذِي وَلَدَتْهُ هَاجَرُ إِسْمَاعِيلَ كَانَ أبرام ابْنَ سِتٍّ وَثَمَانِينَ سَنَةً لَمَّا وَلَدَتْ هَاجَرُ إِسْمَاعِيلَ لأبرام**».[231]

أمّا حادثة الطرد الثانية ، فقد حصلت بعد ولادة إسحاق عليه السلام ، حيث رأت سارة عليها السلام أن إسماعيل الذي كان عمره حينئذٍ أربع عشرة سنة يمزح مع إسحاق عليه السلام الذي كان عمره سنة واحدة فطلبت طرده لأنها خافت من تأثيره السلبيّ على نشأة اسحاق كما وأنه لا يرث مع إسحاق «**وَرَأَتْ سَارَةُ ابْنَ هَاجَرَ الْمِصْرِيَّةِ الَّذِي وَلَدَتْهُ لإِبْرَاهِيمَ يَمْزَحُ ، فَقَالَتْ لإِبْرَاهِيمَ اطْرُدْ هذِهِ الْجَارِيَةَ وَابْنَهَا ، لأَنَّ ابْنَ هذِهِ الْجَارِيَةِ لاَ يَرِثُ مَعَ ابْنِي إِسْحَاقَ**».[232] فقبح الكلام جدا في عيني إبراهيم عليه السلام لأنه كان يحب إسماعيل عليه السلام «**فَقَبُحَ الْكَلاَمُ جِدًّا فِي عَيْنَيْ إِبْرَاهِيمَ لِسَبَبِ ابْنِهِ**».[233] «**فَقَالَ اللهُ لإِبْرَاهِيمَ لاَ يَقْبُحُ فِي عَيْنَيْكَ مِنْ أَجْلِ الْغُلاَمِ وَمِنْ أَجْلِ جَارِيَتِكَ. فِي كُلِّ مَا تَقُولُ لَكَ سَارَةُ اسْمَعْ لِقَوْلِهَا ، لأَنَّهُ بِإِسْحَاقَ يُدْعَى لَكَ نَسْلٌ وَابْنُ الْجَارِيَةِ أَيْضًا سَأَجْعَلُهُ أُمَّةً لأَنَّهُ نَسْلُكَ**».[234]

كم كان صعبا هذا الفعل على إبراهيم عليه السلام ، إنتظر أن يرزقه الله بطفل حتى وصل وزوجته بعُمر اليأس، فتصورّ مدى فرحة إبراهيم عليه السلام بولده إسماعيل ، والآن جاءه الأمر بأن يطرده وأُمّه.

---

(230) مدرش 1، 151.
(231) سفر التكوين، 16:15–16.
(232) سفر التكوين، 21:9–10 .
(233) سفر التكوين، 21:11.
(234) سفر التكوين، 21:12–13 .

لقد اشتهر إبراهيم عليه السلام بالكرم والرحمة والاهتمام بالآخرين، فكيف يعاكس كلَّ صفاته الانسانية ولا يهتم بابنه؟ عرف الله شعوره فطمأنه وطيّب خاطره ، وقال له: سيكون إسماعيل في مأمن وسأجعله أمة عظيمة.

تذكر التوراة أنّ إبراهيم عليه السلام بكّر صباحا وصرف هاجر وابنها إسماعيل في برّيّة بئر سبع «**فَبَكَّرَ إِبْرَاهِيمُ صَبَاحًا وَأَخَذَ خُبْزًا وَقِرْبَةَ مَاءٍ وَأَعْطَاهُمَا لِهَاجَرَ ، وَاضِعًا إِيَّاهُمَا عَلَى كَتِفِهَا ، وَالْوَلَدَ ، وَصَرَفَهَا. فَمَضَتْ وَتَاهَتْ فِي بَرِّيَّةِ بِئْرِ سَبْعٍ**».(235) «**وَلَمَّا فَرَغَ الْمَاءُ مِنَ الْقِرْبَةِ طَرَحَتِ الْوَلَدَ تَحْتَ إِحْدَى الأَشْجَارِ ، وَمَضَتْ وَجَلَسَتْ مُقَابِلَهُ بَعِيدًا نَحْوَ رَمْيَةِ قَوْسٍ ، لأَنَّهَا قَالَتْ لاَ أَنْظُرُ مَوْتَ الْوَلَدِ. فَجَلَسَتْ مُقَابِلَهُ وَرَفَعَتْ صَوْتَهَا وَبَكَتْ فَسَمِعَ اللهُ صَوْتَ الْغُلاَمِ ، وَنَادَى مَلاَكُ اللهِ هَاجَرَ مِنَ السَّمَاءِ وَقَالَ لَهَا مَا لَكِ يَا هَاجَرُ؟ لاَ تَخَافِي ، لأَنَّ اللهَ قَدْ سَمِعَ لِصَوْتِ الْغُلاَمِ حَيْثُ هُوَ قُومِي احْمِلِي الْغُلاَمَ وَشُدِّي يَدَكِ بِهِ ، لأَنِّي سَأَجْعَلُهُ أُمَّةً عَظِيمَةً وَفَتَحَ اللهُ عَيْنَيْهَا فَأَبْصَرَتْ بِئْرَ مَاءٍ ، فَذَهَبَتْ وَمَلأَتِ الْقِرْبَةَ مَاءً وَسَقَتِ الْغُلاَمَ**».(236) «**وَكَانَ اللهُ مَعَ الْغُلاَمِ فَكَبِرَ ، وَسَكَنَ فِي الْبَرِّيَّةِ ، وَكَانَ يَنْمُو رَامِيَ قَوْسٍ وَسَكَنَ فِي بَرِّيَّةِ فَارَانَ ، وَأَخَذَتْ لَهُ أُمُّهُ زَوْجَةً مِنْ أَرْضِ مِصْرَ**».(237)

تذكر (التوراة) أنّ إبراهيم عليه السلام بعد وفاة سارة عليها السلام أخذ زوجة اسمها (قطورة) «**وَعَادَ إِبْرَاهِيمُ فَأَخَذَ زَوْجَةً اسْمُهَا قَطُورَةُ**»،(238) ويذكر (المدرش) انّ (قطورة)(239) هي في الواقع (هاجر) عليها السلام، كما يعلق المدرش أيضا ان رحيل سارة قبل إبراهيم بثمان واربعين سنة سببه معاملتها لهاجر، وقد فصّلنا هذا تحت وفاة سارة عليها السلام – الصفحة 122.

في كلا القصتين ، تذكر التوراة أنّ هاجر عليها السلام مضت وتاهت في برّية بئر سبع ، ومعها إسماعيل، بينما يروي لنا القرآن الكريم القصتين تلك في قصة واحدة ، وبتفاصيل مختلفة. فيذكر المفسرون المسلمون أنّ

---

(235) سفر التكوين، 21:14.
(236) سفر التكوين، 19–21:15.
(237) سفر التكوين، 21:20.
(238) سفر التكوين، 25:1.
(239) مدرش 1، 229.

القصة حصلت عندما كان إسماعيل عليه السلام رضيعاً ، وليس في الرابعة عشر من عمره ، وأنّ إبراهيم عليه السلام انطلق بإسماعيل وأُمّه عليهما السلام إلى مكة ، موضع الكعبة ، ولم يتيهوا في بريّة بئر سبع. فقد اغتمت سارة عليها السلام لأنها كانت عاقراً ، وقد كانت تغمّ إبراهيم عليه السلام بسبب هاجر، فنُقل أنّه شكى ذلك إلى الله تعالى ، فأمره الله تعالى ان يُخرج إسماعيل وأُمّه عليهما السلام عنها. فقال: يا ربّ إلى أي مكان؟ فقال إلى حرمي ، فأنزل عليه جبرائيل بالبراق ، فحمل إبراهيم وهاجر واسماعيل عليهم السلام حتى وافى مكة ، موضع البيت. فلما وضعهم وأراد إبراهيم عليه السلام الانصراف ، قالت له هاجر: هل تدعنا في موضع ليس فيه أنيس ، ولا ماء ، ولا زرع ؟ فقال إبراهيم عليه السلام الذي أمرني أن أضعكم في هذا المكان هو يكفيكم ، ثمّ ودّعهم وذهب.

هزّ هذا الموقف إبراهيم عليه السلام من الأعماق ، لكن إبراهيم الأب عليه السلام لم يعصِ الله تعالى في أمر ، فتوجّه إلى الله سبحانه ، وقال: ﴿ **رَّبَّنَا إِنِّي أَسكَنتُ مِن ذُرِّيَّتِي بِوَادٍ غَيرِ ذِي زَرعٍ عِندَ بَيتِكَ المُحَرَّمِ رَبَّنَا لِيُقِيمُوا الصَّلَاةَ فَاجعَل أَفئِدَةً مِّنَ النَّاسِ تَهوِي إِلَيهِم وَارزُقهُم مِّنَ الثَّمَرَاتِ لَعَلَّهُم يَشكُرُونَ** ﴾.[240]

لم يمضِ وقت طويل حتى نفد ماؤها ، ودفعها لأن تبحث بقلق واضطراب عن الماء ، سعت هاجر عليها السلام بين الصفا والمروة[241] سبع مرّات ، وفي كلّ مرة تصعد على تلٍ ترى بريق ماء في جهة التل الثاني ، ولما تسعى اليه تجده سراباً.

استمرّت بالسعي بين التلّين بحثاً عن الماء وفي الجولة السابعة ، نظرت إلى إسماعيل عليه السلام وقد ظهر الماء من تحت رجليه ، فزمّته - أي جمعت الرمل حوله فلذلك سمي زمزم (بالسريانية) - فشرب الطفل وأمّه ، ونجيا من الموت المحقق.

لقد جرّ الماء الطيور نحوه ، وقوافل بدو الصحراء شاهدت حركة الطيور ، فاتّجهت إلى المكان ، واكتشفوا الماء. فببركة هذه العائلة ، تحولت أرض مكة المُقفرة إلى مركز حضاري عظيم.

---

(240) إبراهيم، 37.
(241) الصفا والمروة: هما تلّان بجانب الكعبة وبينهما وادي.

يقع بجوار الكعبة حِجر إسماعيل، حيث مدفن تلك المرأة المؤمنة وابنها عليهما السلام ، وعلى الحاج أن يضمه إلى البيت في الطواف ، أي يجب على الحجاج أن يطوفوا خارج هذا الحجر وكأنه جزء من الكعبة. تصوّر الشرف العظيم الذي تركه الله لهذه العائلة على مدى التاريخ.

نادى إبراهيم عليه السلام ربه: ﴿ **رَّبَّنَا إِنِّي أَسكَنتُ مِن ذُرِّيَّتِي بِوَادٍ غَيرِ ذِي زَرعٍ عِندَ بَيتِكَ المُحَرَّمِ** ﴾.[242]

إذن نفهم بوضوح أنّ الكعبة كانت موجودة قبل إبراهيم عليه السلام ، وتذكر المصادر التاريخية أنّ بيت الله كان قائما منذ زمن آدم ، ثم انهدم في طوفان نوح عليه السلام وبقى منه الاساس ، اي القواعد فقط ، ثُمّ أُعيد بناؤه على يد إبراهيم وإسماعيل عليهما السلام ﴿ **وَإذ يَرفَعُ إبرَاهِيمُ القَوَاعِدَ مِنَ البَيتِ وَإسمَاعِيلُ رَبَّنَا تَقَبَّل مِنَّا إنَّكَ أَنتَ السَّمِيعُ العَلِيمُ** ﴾.[243]

فإبراهيم وإسماعيل عليهما السلام رفعا قواعد البيت التي كانت موجودة، وطهّراه للطائفين والمجاورين والمصلين ﴿ **وَإذ جَعَلنَا البَيتَ مَثَابَةً لِّلنَّاسِ وَأَمناً وَاتَّخِذُوا مِن مَّقَامِ إبرَاهِيمَ مُصَلًّى وَعَهِدنَا إِلَى إبرَاهِيمَ وَإسمَاعِيلَ أَن طَهِّرَا بَيتِيَ لِلطَّائِفِينَ وَالعَاكِفِينَ وَالرُّكَّعِ السُّجُودِ** ﴾،[244] ﴿ **وَإذ بَوَّأنَا لِإبرَاهِيمَ مَكَانَ البَيتِ أَن لا تُشرِك بِي شَيئاً وَطَهِّر بَيتِيَ لِلطَّائِفِينَ وَالقَائِمِينَ وَالرُّكَّعِ السُّجُودِ** ﴾.[245]

وأصبحت الكعبة مركزاً يتجه إليه الموحدون كلّ عام ، فهي محل لعودة جسميّة وروحيّة إلى التوحيد والفطرة الأُولى بفضل إبراهيم وإسماعيل عليهما السلام.

وقد دعا إبراهيم عليه السلام ربّه ان يجعل بلد مكة آمناً ، فاستجاب الله لدعائه ، ورزق أهله من الثمرات ﴿ **وَإذ قَالَ إبرَاهِيمُ رَبِّ اجعَل هَذَا بَلَداً آمِناً وَارزُق**

---

(242) إبراهيم، 37.
(243) البقرة، 127.
(244) البقرة، 125.
(245) الحج، 26.

أهلَهُ مِنَ الثَّمَرَاتِ مَن آمَنَ مِنهُم بِاللهِ وَاليَومِ الآخِرِ ﴾،[246] وقال تعالى: ﴿ **فِيهِ آيَاتٌ بَيِّنَاتٌ مَّقَامُ إبرَاهِيمَ وَمَن دَخَلَهُ كَانَ آمِناً** ﴾.[247]

لاحظ كيف يخطط تعالى للأمور: يُهجَّر اسماعيل وأمه عليهما السلام ، وينفد ماؤهما ، ويفجّر الله لهم عين ماء ، والماء يجّر الطيور ، والطيور تنبّه قوافل الصحراء ، والصحراء تتحول إلى مجمع سُكّاني ، وإسماعيل عليه السلام يكبر ويبني بيت الله الحرام مع أبيه ، والكعبة تصبح مزار المسلمين من أقطار العالم. أراد الله تعالى أن تكون تلك الأرض قاعدة عظيمة للعبادة ، فتدبّر كيف خطط لها ، وجميعها ذكريات خالدة لإبراهيم وعائلته عليهم السلام.

لم يَرِد الذكر في (التوراة) أنّ إبراهيم أخذ هاجر وابنها إسماعيل عليهما السلام إلى صحراء مكة ، ولم تذكر أنّ إبراهيم عليه السلام زارهم مستقبلاً ، ولم تذكر بناء الكعبة على يدي إبراهيم وإسماعيل عليهما السلام ، بل وينفي بعضهم ذهاب إبراهيم عليه السلام الى أرض مكة، ناهيك عن بناء الكعبة على يديه.

الاختبار العاشر: ذبح الابن!

إختبار ذبح الابن هو آخر الاختبارات الالهية العشرة لإبراهيم عليه السلام وأصعبها، ولم يختبره الله تعالى بعد هذا الاختبار الى يوم وفاته. يتميز اختبار ذبح الابن بأهمية فريدة على جميع القصص التوراتية الأخرى لأسباب عديدة.

لقد جاء في (التوراة) أنّ إبراهيم عليه السلام سمع في المنام: أنّ الله تعالى يأمره بذبح ابنه إسحاق ، اجتاز إبراهيم عليه السلام لحد الآن تسع اختبارات صعبة، وعمره الآن مائة وسبع وثلاثين سنة، والسؤال الذي يمكن أن يُثار هنا: هلاّ تكفي الاختبارات السابقة؟ لماذا ذَبْح الابن؟ ما هي الغاية والفائدة من ذبح الابن ؟ انتظر إبراهيم عليه السلام مائة سنة حتى رزقه الله بطفلٍ من سارة، والآن يطلب الله منه ان يذبحه!!

---

(246) البقرة، 126.
(247) آل عمران، 97.

لقد فُسّر ذلك بأن الهدف من الاختبارات الإلهية هو للتأكد من إيمان إبراهيم عليه السلام . ألم يصل الله الى القناعة التامة حول إيمان إبراهيم عليه السلام قبل أن يذبح إبراهيم ابنه؟ ألم يبرهن إبراهيم عليه السلام ثقته وإيمانه التاميْن بالله بعد كل هذه الاختبارات؟ ألا يعلم الله نتيجة الاختبار؟ فلماذا وضع إبراهيم عليه السلام تحت الألم والكرب قلقاً على ذبح ابنه.

وقف إبراهيم عليه السلام بوجه ملك زمانه الوثني، وحطّم أصنامه، وعرّض حياته للخطر، لإيمانه بإله لم يكلّمه بعد، ولم يسمع منه بعد، وقبل ان يكشف الاله له نفسه أو يتحدث اليه. ألا يعكس استعداد إبراهيم عليه السلام للتخلي عن حياته قبل ان يكشف الله له نفسه درجة أكبر من الولاء والايمان من اختبار ذبح الابن الذي حصل بعد ان كشف الإله نفسه لإبراهيم عليه السلام ؟ ثم أنه لماذا يقال ان اختبار ذبح الابن هو لتقييم إيمان إبراهيم عليه السلام بدلا من اختبار إيمان إسحاق عليه السلام ، على الاقل لأن إسحاق عليه السلام هو الذبيح، خاصة وأنه قد عُرف في آخر اللحظات انه هو القربان للمحرقة.

ثمّ أنّ إبراهيم عليه السلام عنده عذر بعدم تنفيذ هذا الطلب الالهي. فإذا كان الطفل المقصود هو اسحاق عليه السلام فهو وعدٌ إلهي حسب الميثاق الذي أقامه الله تعالى مع إبراهيم عليه السلام في عهد الختان ، حيث شخّص الله تعالى اسحاق عليه السلام في العهد ، وانّ منه يخرج نسلٌ كرمل البحر ، وكنجوم السماء ، فكيف يطلب الله الآن من الوالد أن يقدّمه محرقة؟

لقد واعد الله إبراهيم عليه السلام أن يجعله أباً لشعب، وقائداً لأمة عظيمة، ويباركه ، ويعظّم اسمَه، ويصير نعمة للجميع، وأنّ ذبح إسحاق معناه نهاية لكل هذه الوعود ولكلّ ما عمل إبراهيم عليه السلام لحدّ الآن من جهود في التوحيد والتضحيات؛ لان إسحاق عليه السلام هو المعوّل عليه الذي يرث مهمة رسالة أبيه، هو المستقبل، وعلى كتفه تُحمل النعم التي قيلت لإبراهيم عليه السلام ، حسب الوعد الالهي.

حقاً كان هذا اختباراً عسيرا ، ثم إنّه كيف يتسنّى لله تعالى أن ينقض عهده – حاشاه - ويسمح بموت إسحاق عليه السلام ؟ لو كان إسحاق عليه السلام قد تزوّج وصار له ابن يحافظ على النسل في الأجيال القادمة ، لربما توفر تعليل للمسألة. ولكن كيف يتّفق أن يموت إسحاق عليه السلام الذي لم يتزوج ولم يكن له ابن بعد؟

الشيء الآخر ، ان إبراهيم ﵇ رجلٌ موحّدٌ ، كافح ضدّ أفكار الوثنيين في أور ، وفي كنعان ، وجاهد ضدّ ممارساتهم الجاهلية حيث كانوا يُقدّمون إبكارهم ذبائح لآلهتهم ، والان يريد الله تعالى من إبراهيم ﵇ أن يذبح ابنه ؟ هذا عمل مخالف لصميم مبدأه ورسالته فكيف يقوم بمثل هذا الفعل ؟ لقد أصبح إبراهيم ﵇ معروفاً وله أتباع كثيرون، يقتدون به ويثقون بدعوته الى الإيمان بالله والتوحيد. لقد أصبح إبراهيم ﵇ زعيماً ينال احترام الجميع أينما يذهب. وكان يعلّم ويحث الناس على عبادة الله، اللطيف، الرحيم، الذي لا يرضى بالقسوة والوحشية ولا يسمح بالقرابين البشرية. استطاع ابراهيم ﵇ ان يغيّر مفاهيم الناس وطقوسهم الوثنية. لقد هيأ إبراهيم ﵇ جيلاً يختلف عن الأجيال السابقة، جيلاً مستعداً لعبادة الله، كما ربّى إسحاق ﵇ وهيأه لاستكمال المسيرة، فلماذا يريد الله ان يُنهي سعي إبراهيم ﵇ ؟ كيف سينظر الناس الى إبراهيم ﵇ إذا انتهك تعليماته وذبح ابنه؟ وكيف سينظرون الى تعاليمه في وحدانية الله وعبادته؟

إنّ ذبح إسحاق ﵇ في ظروف النجاحات الباهرة التي حققها إبراهيم ﵇ مع مجتمعه يعني فقدان إبراهيم ﵇ هيبته وعظمته وقيمةَ عمله، وعقيدته، ودعوته التي نادى بها الى إله واحد طيلة حياته. يمكن للإنسان أن يتحمّل الكثير من الآلام في حياته، ولكنه لا يتحمّل أدنى عار، ولا التهم المهينة. والأسوأ من ذلك كله السخرية بسبب الإله الذي عمل إبراهيم ﵇ بجد لتقديمه إلى المجتمع.

الحقيقة بانت واضحة كالشمس أنّ كل ما يهم ابراهيم ﵇ هو رضوان الله ولا يحول شئ عن انجاز ما يطلبه الله: لا إبنه ولا سمعته ولا إنجازات حياته ولا الوعود الالهية السابقة، كل هذا غير مهم في مقابل إنجاز ما يريده الله. لا يهمّه شيء الاّ تلبية طلب الله، وإن لم يكن يعرف القصد وراء ذلك الطلب ، فقد أحب إبراهيم ﵇ ربّه وأطاعه بدون جدال، وأصبح كلّه إيماناً وثقةً بالله تعالى وتسليماً لأمره.

وكما ذكرت سابقاً فإن هذا لا يعني أنّ الله تعالى لم يكن له سابق علم بما في قلب إبراهيم ﵇ ، ولا يعني ان الله لم يعرف نتيجة اختباره، إنما أراد الله أن يَكشف لإبراهيم ﵇ نفسه أعماقَه الداخلية ، ليُجلّي له مواهبه وعظمته، فصار إبراهيم ﵇ مكشوفاً لا لنفسه فقط كمحبّ لله تعالى ، بل

ومكشوفاً للعالم كلّه الى يومنا هذا. لهذا السبب تكلم الله تعالى دون ان يتفوه بكلمة، إتخذوا يا عبادي من إبراهيم عليه السلام قدوة حسنة. أحبوا الله يحببكم ويغفر لكم ذنوبكم ويزيدكم من فضله. تخلّوا عن رغبات أنفسكم، ولو جزءاً يسيراً منها، واعملوا ما يريده الله.

يمثّل ذبح الابن النموذج الصادق والعالي والكامل للتسليم المحض لله جلّ جلاله.

لقد كان ما يُقدّمه الوثنيون من أولادهم كقرابين لا تحمل حُبّاً من جانب مُقدّميها بقدر ما تكشف عن روح اليأس الذي يملأ قلوبهم ، إذ كانوا يودون غفران خطاياهم بأي ثمن ، كما كانوا يودون استرضاء آلهتهم المتعطشة إلى الدماء! لهذا فإنّ الله تعالى طلب من إبراهيم خليله هذا التقديم ليُعلن للوثنيين كيف هو قلب إبراهيم عليه السلام المُحبّ لله ، إذ هو مستعدٌ أن يُقدّم أثمن ما لديه ، وفي نفس الوقت الذي قدّم الله كبشًا عوضاً عن ابنه عليه السلام أعلن عن عدم قبوله الذبائح البشرية ، ليس عن جفاف في محبّة المؤمنين لله ، وإنّما في تقدير الله للإنسان. إذ لا يطلب سفك دمه وهلاكه ، الله لا يطيق الذبائح البشرية ، إذ هو مُحبّ للبشر ، يُريد حياتهم لا هلاكهم.

ذبح الابن، كما جاء في(التوراة):

جاء في (التوراة)، أنّ إبراهيم عليه السلام سمع في المنام أنّ الله تعالى يقول له خذ ابنك وحيدك ، الذي تحبّه ، إسحاق ، واذهب إلى أرض (المُرِيّا)، المكان الذي بُني عليه الهيكل فيما بعد ، وأصعده هناك محرقة على أحد الجبال الذي أقول لك «**وَحَدَثَ بَعْدَ هذِهِ الأُمُورِ أَنَّ اللهَ امْتَحَنَ إِبْرَاهِيمَ ، فَقَالَ لَهُ يَا إِبْرَاهِيمُ. فَقَالَ هأَنَذَا. فَقَالَ خُذِ ابْنَكَ وَحِيدَكَ ، الَّذِي تُحِبُّهُ ، إِسْحَاقَ ، وَاذْهَبْ إِلى أَرْضِ الْمُرِيَّا ، وَأَصْعِدْهُ هُنَاكَ مُحْرَقَةً عَلَى أَحَدِ الْجِبَالِ الَّذِي أَقُولُ لَكَ**».[248]

كان عمر ابراهيم عليه السلام آنذاك مائة وسبع وثلاثين سنة و إسحاق عليه السلام سبعاً وثلاثين سنة. لم نقرأ أن إبراهيم عليه السلام تردد أو حاول ان يسأل الله توضيح قصده في ذبح ابنه، بدلاً من ذلك نقرأ أن إبراهيم عليه السلام استيقظ مُبّكراً لأداء ما أُمر به دون تراخٍ وسار في سفر طويل دام ثلاثة أيام، من مسكنه

(248) سفر التكوين، 22:1-2.

في مدينة الخليل الى موضع الذبح الذي أراده الله في القدس «**فَبَكَّرَ إِبْرَاهِيمُ صَبَاحًا وَشَدَّ عَلَى حِمَارِهِ ، وَأَخَذَ اثْنَيْنِ مِنْ غِلْمَانِهِ مَعَهُ ، وَإِسْحَاقَ ابْنَهُ ، وَشَقَّقَ حَطَبًا لِمُحْرَقَةٍ ، وَقَامَ وَذَهَبَ إِلى الْمَوْضِعِ الَّذِي قَالَ لَهُ اللهُ وَفِي الْيَوْمِ الثَّالِثِ رَفَعَ إِبْرَاهِيمُ عَيْنَيْهِ وَأَبْصَرَ الْمَوْضِعَ مِنْ بَعِيدٍ ، فَقَالَ إِبْرَاهِيمُ لِغُلاَمَيْهِ اجْلِسَا أَنْتُمَا ههُنَا مَعَ الْحِمَارِ ، وَأَمَّا أَنَا وَالْغُلاَمُ فَنَذْهَبُ إِلى هُنَاكَ وَنَسْجُدُ ، ثُمَّ نَرْجِعُ إِلَيْكُمَا فَأَخَذَ إِبْرَاهِيمُ حَطَبَ الْمُحْرَقَةِ وَوَضَعَهُ عَلَى إِسْحَاقَ ابْنِهِ ، وَأَخَذَ بِيَدِهِ النَّارَ وَالسِّكِّينَ. فَذَهَبَا كِلاَهُمَا مَعًا**».(249)

كيف سيجرؤ إبراهيم ﴿عليه السلام﴾ على ذبح ابنه، ماذا سيقول لقومه عند رجوعه؟، وكيف سيصارح سارة أمه؟ كم من صلاة أقامتها، وكم من أيام صامتها، وكم من دعاءٍ صرخت به سارة الى الله ليرزقها بطفل؟ ماذا سيكون ردُّ فعلها؟

يبدو أن سارة عليها السلام فهمت يوم خرج إبراهيم لذبح اسحق انهم ذاهبون لدراسة قوانين الذبائح وتقديم القرابين، ، وسنبيّن ما أصابها حينما سمعت بخبر ذبح إبنها الوحيد. يعتبر ذبح الابن من أشق الاختبارات التي مرّ بها إبراهيم ﴿عليه السلام﴾ وأصعبها.

لنضع وعود الله لإبراهيم ﴿عليه السلام﴾ جانباً، ألم يقدّر الله شعور إبراهيم الأبوي وحبه لابنه؟ كيف يجرؤ أبٌ مثل إبراهيم ﴿عليه السلام﴾ الحنون أن يذبح ابنه؟ لاحظ عندما طلبت سارة من إبراهيم ان يطرد هاجر وإسماعيل عليهما السلام وقدّمت له سبباً، قبح الكلام جداً في عيني إبراهيم ﴿عليه السلام﴾ ولم يكن بإمكانه طردهما بالرغم من حبه لسارة وعدم مخالفته لها في شيء، ولم يستطع إبراهيم ﴿عليه السلام﴾ ان يطردهما الى ان تدخّل الله في الحديث وخاطب إبراهيم ﴿عليه السلام﴾ ان يسمع لسارة. وبالرغم من اقتناع إبراهيم ﴿عليه السلام﴾ لأن الله تدخل في الموضوع، الا أن إبراهيم ﴿عليه السلام﴾ بقي مكسور الخاطر، فطمأنه الله أنه سيحفظ إسماعيل ﴿عليه السلام﴾ ويجعله أمّة عظيمة.

الآن نقارن طرد إسماعيل ﴿عليه السلام﴾ مع ذبح اسحاق ﴿عليه السلام﴾ . استجاب إبراهيم ﴿عليه السلام﴾ لذبح إسحاق دون ان يسمع سبباً لذبحه؟ نعم سأله الله في ذبحه لكن الله لم

---

(249) سفر التكوين، 6-22:3 .

يقدم له توضيحاً ولا وعداً يواسي خاطره وشعوره مثلما طمأنه بخصوص إسماعيل عليه السلام حيث قال له: **"سيكون إسماعيل في مأمن وسأجعله أمة عظيمة"** ، **"ها أنا أباركه وأثمره وأكثّره كثيرا جدا ، اثني عشر رئيسا يلد ، وأجعله أمة كبيرة"**. وبدلاً من كلمات الطمأنينة سأله الله ان يذبح إسحاق عليه السلام واختار تعالى كلمات تثير روح الأبوة والحنان وتجعل من ذبحه أكثر مشقة وإيثاراً للألم، حيث قال له: خذ ابنك... وحيدك... الذي تحبّه... اسحاق... قدمه محرقة... ، لهذا وُصف اختبار ذبح الابن من أصعب الاختبارات التي ذاقها إبراهيم عليه السلام .

و مما لاريب فيه، أنّ بعض الناس يجاهدون ويضحون بحياتهم لأسباب منطقية، فهم يجاهدون ويستشهدون دفاعاً عن وطنهم، أو عقيدتهم أو دينهم أو مبدأهم، يجاهدون بدافع منطقي وراء استعدادهم للتضحية، لسبب وراء شجاعتهم للفداء، لكن إبراهيم عليه السلام لم يسمع سبباً منطقياً ولا توضيحاً لسبب ذبح ابنه. قدم على ذبحه لا لسبب آخر غير أن الله سأله ذلك.

وفي اللحظات الاخيرة عندما وصلا المكان، سأل إسحاق عليه السلام أباه، قائلاً: يا أبي هوذا السكين والحطب والنار ، ولكن أين الخروف للمحرقة ؟ في هذه اللحظة تتجسم في كلمة الابن «يا أبي» أقسى مواقف التجربة. تصوّروا إلى أي درجة يستطيع صوت الابن الذي سيذبح أن يثير عواطف وأشجان أبيه ؟

لكن إيمان إبراهيم عليه السلام الثابت لم يمنعه من الإجابة بكلمة رقيقة «هأنذا يا ابني» ، وأضاف: الله يرى له الخروف للمحرقة يا ابني «**وَكَلَّمَ إِسْحَاقُ إِبْرَاهِيمَ أَبَاهُ وَقَالَ يَا أَبِي. فَقَالَ هأَنَذَا يَا ابْنِي. فَقَالَ هُوَذَا النَّارُ وَالْحَطَبُ ، وَلكِنْ أَيْنَ الْخَرُوفُ لِلْمُحْرَقَةِ ؟ فَقَالَ إِبْرَاهِيمُ اللهُ يَرَى لَهُ الْخَرُوفَ لِلْمُحْرَقَةِ يَا ابْنِي**».[250]

يبدو أن اسحاق عليه السلام فهم في تلك اللحظة أنه هو الذبيح. كان إسحاق يبلغ - بحسب الرواية التوراتيّة - من العمر سبعة وثلاثين عاما، شاباً قوياً، وكان يمكنه الدفاع عن نفسه وكان بإمكانه أن يقول بسهولة، لا يا أبي، أنا لا أسمح لك بهذا الفعل، انت رجل مسنّ وقد تقدم بك العمر وربما ان تفكيرك

---

(250) سفر التكوين، 22:7-8.

ليس على ما يرام، الا أن إيمان إسحاق عليه السلام بالله راسخ كرسوخ إيمان أبيه بالله. تلاقت عيونهما وتخاطبت عقولهما دون ان يتفوها بكلمة، ان كان هذا ما يريده الله فانا جاهز لذلك، يا أبتي، إفعل ما تؤمر.

فلما أتيا إلى الموضع الذي قال له الله تعالى ، بنى هناك إبراهيم عليه السلام المذبح ، ورتّب الحطب ، وربط اسحاق ابنه عليه السلام ، ووضعه على المذبح فوق الحطب ، ثم مدّ إبراهيم عليه السلام يده وأخذ السكين ليذبح ابنه. كانت الأمور تسير في جو من الهدوء الداخلي ، إبراهيم عليه السلام يثق بالله تعالى أنّه لن يتخلى عن مواعيده بخصوص اسحاق، واسحاق في طاعته يمتثل للذبح ولم يبق إلّا لحظات ليُذبح الابن ويُقدم محرقة.

لماذا ربط إبراهيم عليه السلام ابنه قبل الذبح؟ الله طلب من إبراهيم ان يذبح إسحاق عليهما السلام لكنه لم يذكر ربطه اولاً. يذكر مفسّرو التوراة أن إسحاق عليه السلام نفسه طلب من أبيه ان يربطه حتى لا يتحرك أثناء الذبح، فالقربان عندما يذبح يجب ان يثبّت أولاً ليمنع حركته، وان تحرك رفضت كعقيقة. أيضاً قيل ان إسحاق عليه السلام طلب من والده ان يطرحه ووجهه نحو الارض لئلا يرى الوالد وجه ابنه، وتهيج مشاعره، ويتردد في ذبحه، وكان إسحاق عليه السلام قد نزع قميصه قبل ربطه لئلا يتلطخ قميصه بدمه وترى ذلك أمه، فيما بعد. تُصوّر لنا هذه اللحظات عمق إيمان الأب وابنه بالله وحنان أفراد العائلة بعضهم لبعض.

وفي اللحظة الحاسمة وسط الهدوء الشديد، والابن مطروح على الحطب موثوق اليدين، والاب واقف وفي يده السكين، وحالما وضع الأب السكين على رقبة ابنه، ناداه ملاك الربّ من السماء وقال: إبراهيم! إبراهيم لا تمد يدك إلى الغلام ، لأني الآن علمت أنك خائف الله ، فلم تمسك ابنك وحيدك عني وفداه بكبش عظيم «**فَلَمَّا أَتَيَا إلى الْمَوْضِعِ الَّذِي قَالَ لَهُ اللهُ ، بَنَى هُنَاكَ إِبْرَاهِيمُ الْمَذْبَحَ وَرَتَّبَ الْحَطَبَ وَرَبَطَ إِسْحَاقَ ابْنَهُ وَوَضَعَهُ عَلَى الْمَذْبَحِ فَوْقَ الْحَطَبِ ثُمَّ مَدَّ إِبْرَاهِيمُ يَدَهُ وَأَخَذَ السِّكِّينَ لِيَذْبَحَ ابْنَهُ فَنَادَاهُ مَلاَكُ الرَّبِّ مِنَ السَّمَاءِ وَقَالَ إِبْرَاهِيمُ! إِبْرَاهِيمُ. فَقَالَ هأَنَذَا. فَقَالَ لاَ تَمُدَّ يَدَكَ إِلى الْغُلاَمِ وَلاَ تَفْعَلْ بِهِ شَيْئًا ، لأَنِّي الآنَ عَلِمْتُ أَنَّكَ خَائِفٌ اللهَ ، فَلَمْ تُمْسِكِ ابْنَكَ وَحِيدَكَ عَنِّي**».(251)

(251) سفر التكوين، 22:9-12.

«فَرَفَعَ إبْرَاهِيمُ عَيْنَيْهِ وَنَظَرَ وَإذَا كَبْشٌ وَرَاءَهُ مُمْسَكًا فِي الْغَابَةِ بِقَرْنَيْهِ ، فَذَهَبَ إبْرَاهِيمُ وَأَخَذَ الْكَبْشَ وَأَصْعَدَهُ مُحْرَقَةً عِوَضًا عَنِ ابْنِهِ».[252]

«وَنَادَى مَلاَكُ الرَّبِّ إبْرَاهِيمَ ثَانِيَةً مِنَ السَّمَاءِ وَقَالَ بِذَاتِي أَقْسَمْتُ يَقُولُ الرَّبُّ ، أَنِّي مِنْ أَجْلِ أَنَّكَ فَعَلْتَ هذَا الأَمْرَ ، وَلَمْ تُمْسِكِ ابْنَكَ وَحِيدَكَ ، أُبَارِكُكَ مُبَارَكَةً ، وَأُكَثِّرُ نَسْلَكَ تَكْثِيرًا كَنُجُومِ السَّمَاءِ وَكَالرَّمْلِ الَّذِي عَلَى شَاطِئِ الْبَحْرِ ، وَيَرِثُ نَسْلُكَ بَابَ أَعْدَائِهِ ، وَيَتَبَارَكُ فِي نَسْلِكَ جَمِيعُ أُمَمِ الأَرْضِ ، مِنْ أَجْلِ أَنَّكَ سَمِعْتَ لِقَوْلِي. ثُمَّ رَجَعَ إبْرَاهِيمُ إلى غُلاَمَيْهِ ، فَقَامُوا وَذَهَبُوا مَعًا إلى بِئْرِ سَبْعٍ. وَسَكَنَ إبْرَاهِيمُ فِي بِئْرِ سَبْعٍ».[253]

ذبح الابن، كما جاء في القرآن الكريم:

لقد جاء في القرآن الكريم أنّ إبراهيم عليه السلام رأى في المنام أن الله يأمره بذبح أبنه ، - وتُعدّ رؤية الأنبياء صادقة وغير شيطانية -، لم يصرّح القرآن الكريم باسم الذبيح، واعتبر بعض المفسرين المسلمين أنّ الذبيح هو إسماعيل عليه السلام ، كما قال بعضهم الآخر أنّه اسحاق عليه السلام كما جاء في التوراة، ولا فرق في اعتقادنا إن كان الذبيح إسماعيل أو اسحاق ، فالاثنان هما أبناء إبراهيم عليه السلام ، والامتحان عصيب جداً، فأي بشر يتحمل أن يذبح ولده بيده ، وقد وصفه القرآن الكريم بالبلاء المبين ﴿ **إِنَّ هَذَا لَهُوَ الْبَلاءُ الْمُبِينُ** ﴾.[254]

وهذا يُمثّل مطلق التسليم والخضوع لله تعالى. أي إيمان هذا ؟ وكيف وصل إبراهيم عليه السلام إلى هذا المستوى من الايمان ؟ كلنا مؤمنون ان شاء الله ، لكن اذا رأينا في المنام ان الله يأمر أحدنا ان يذبح ابنه أو بنته كم واحد منا ينفذ هذا الامر ؟ أمرنا الله تعالى أن نقيم الصلاة لمنفعتنا فمنّا التارك لها، ومنّا الساهي في أدائها ، فأين هذا من ذاك ؟ اللهم زدنا إيماناً وهبنا رحمتك ورضوانك.

إمتحان شاقّ آخر وأخير يمرّ به إبراهيم عليه السلام ، وهو الذي نجح في كافّة الامتحانات الصعبة السابقة ، وخرج منها مرفوع الرأس ، الامتحان

(252) سفر التكوين، 22:13.
(253) سفر التكوين، 19–22:15.
(254) الصافات، 106.

الذي يفرض عليه وضع عواطف الأبوّة جانباً ، والامتثال لأوامر الله تعالى بذبح ابنه الذي كان ينتظره لفترة طويلة. القرآن الكريم لم يفصّل مجريات حدث الذبح ، وانّما ركّز فقط على النقاط الحسّاسة في هذه القصّة العجيبة.

مكان الذبح هو (منى) في مكة كما يعتقد المسلمون، وليس على أحد جبال (الْمُرِيَّا) في القدس كما ورد في التوراة. ولما وصلا الموضع سلّم الاب على ابنه سلام الوداع ، ووضع جبينه على الأرض ، حتى لا تقع عيناه على وجه أبنه ، فتهيج عنده عاطفة الأُبوّة فتمنعه من تنفيذ الأمر الإلهي ﴿ **فَلَمَّا أَسلَمَا وَتَلَّهُ لِلجَبِينِ** ﴾.[255]

وما ان رفع يده ليمرر السكين على رقبة ابنه ، جاءه النداء الإلهي ﴿ **وَنَادَينَاهُ أَن يَا إبرَاهِيمُ * قَد صَدَّقتَ الرُّؤيَا إنَّا كَذَٰلِكَ نَجزِي المُحسِنِينَ** ﴾.[256] فبعث الله تعالى كبشا إلى إبراهيم عليه السلام ليذبحه بدلاً عن ابنه ، وصار اليوم عيداً لقوم لم يولدوا بعدُ ، هُم المسلمون ، وليصير الحدث سنّة للأجيال القادمة ، التي تُشارك في مراسم الحج ، وتأتي إلى أرض منى ﴿ **وَفَدَينَاهُ بِذِبحٍ عَظِيمٍ** ﴾،[257] وتيمناً بذلك الذبح العظيم وإحياءً لذلك العمل العظيم.

إنّ الشيطان عمد إلى تكريس كل طاقته ليحول دون خروج إبراهيم عليه السلام منتصراً من الامتحان ، وقال لإبراهيم عليه السلام إنّ المنام الذي رأيته هو منام شيطاني ، لا تطع الشيطان ، و إبراهيم عليه السلام لم يخبر أحداً برؤياه بَعدُ ، فعرف إنّ الذي يخاطبه هو الشيطان ، وصاح به: (ابتعد من هنا يا عدو الله).

لقد اتّبع الشيطان إبراهيم عليه السلام ثلاث مرات ، وفي كلّ مرة ينهَرهُ إبراهيم عليه السلام ويرميه بسبع قطع من الحجارة ، وهذا ما يعمله اليوم الحجّاج في رمي الجمرات الثلاث بمنى ، تمثّلاً بجهاد الموحّد إبراهيم عليه السلام ضدّ وساوس الشيطان ، لذلك فان النجاح الذي حقّقه إبراهيم عليه السلام في هذا الامتحان الصعب ، لم يمدحه الله تعالى عليه فقط بل عَدّه من المحسنين ، وجعله خالدا على مدى

(255) الصافات، 103.
(256) الصافات، 104 و105.
(257) الصافات، 107.

الأجيال ﴿ **وَتَرَكنَا عَلَيهِ فِي الآخِرِينَ** ﴾.[258] إذ غدا إبراهيم عليه السلام أُسوةً حسنةً لكلّ الأجيال ، وقدوة لكلّ الطاهرين ، وأصبحت أعماله سنّة في الحج لجميع المسلمين ، وستبقى خالدة حتى قيام يوم الدين ان شاء رب العالمين.

وأما السعي بين الصفا والمروة ، فهو استذكارٌ للجهود التي بذلتها تلك المرأة المؤمنة هاجر عليها السلام؛ لإنقاذ حياة ابنها إسماعيل عليه السلام من الموت من العطش في تلك الأرض القاحلة والحارقة.

لاحظ أنّ الجزاء الالهي لجميع اختبارات إبراهيم عليه السلام دامت شعاراً على مدى الزمن: فَذَبْحُ الأضحية من قبل الحجاج في منى مقابل ذبح الابن ، وترك هاجر واسماعيل عليهما السلام عند البيت الحرام يقابلها ماء زمزم ، والسعي بين الصفا والمروة ، ونشوء مكة ، وبناء الكعبة. ورمي إبراهيم عليه السلام إبليس بسبع حصيات يقابلها رمي الجمرات في منى من قبل الحاج ، تذكاراً لإبراهيم عليه السلام ، ثمّ أنّ الله تعالى جعل إبراهيم عليه السلام إماماً ﴿ **وَإِذِ ابتَلَى إِبرَاهِيمَ رَبُّهُ بِكَلِمَاتٍ فَأَتَمَّهُنَّ قَالَ إِنّي جَاعِلُكَ لِلنَّاسِ إِمَاماً** ﴾،[259] كما أوجب على الحاج ان يُصلّي خلف مقامه في البيت المحرّم ﴿ **وَاتَّخِذُوا مِن مَّقَامِ إِبرَاهِيمَ مُصَلًّى** ﴾.[260] مقام إبراهيم هي الصخرة التي قام عليها إبراهيم عليه السلام ليرفع قواعد البيت عندما ارتفعت جدرانها، كما وقام عليها الخليل لإطلاق الدعوة العامّة التي وجهها إلى البشرية حين أذّن لزيارة بيت الله وإتيان مناسك الحجّ. حصل أنّ قدميه أثرت في الصخرة وبقي أثرهما إلى يومنا هذا شاهداً حياً وذخراً مجيداً جزاءً على عمله العظيم. كيف نال مقامُ إبراهيم هذه الدّرجة العظيمة ؟ السؤال الذي يمكن أن يثار هنا أن كثيراً من الناس بنوا مساجد وبنوا معابد وبنوا مآتم وبنوا ... فلماذا إبراهيم عليه السلام تفرّد بهذه المنقبة؟ كيف أصبحت هذه الصخرة مكانًا مقدّسًا يقدّسه القرآنُ الكريم ويأمر الحجاج أن يصلوا خلفها؟ ما هو فرق هذه الصخرة عن باقي الصخور؟ نعم إن فيها آثار قدمي إبراهيم عليه السلام .

لقد امتحن الله تعالى إبراهيم عليه السلام وهذا لا يعني عدم معرفة الله قلب إبراهيم عليه السلام ، فإنه عارف بكلّ أسرارنا الظاهرية والباطنية ، لكنه إنما سمح بالتجربة لكي

---

(258) الصافات، 108.
(259) البقرة، 124.
(260) البقرة، 125.

يُزكّيه أمام الكُل ، ويجعل إيمانه التقوى الخفي مُعلناً لا لله تعالى فقط، بل للعالم كلّه ، فيكون فيما بعد مثلاً حَياً للآخرين. ليست كل تجربة قاسية نمر بها هي لأذانا ، وإنّما يمكن ان تكون لنفعنا ، والله يَعلم وأنتم لا تَعلمون.

بإمكان أي إنسان ان يدّعي أنّه يُحب زوجته ، أو أُمّه أو أباه ، أو أنّه يُحب الله تعالى ، لكنّ الحُبّ لا يُقاس بالألفاظ ، لأننا لن نستطيع أن نَقيس محبّتنا بمقياس إحساسنا. إنّ دليل المحبّة الوحيد الصادق ، يقوم على مقدار استعدادنا لِما نفعله من أجل مَنْ ندّعى محبّته.

إنّ جميع الاختبارات العشرة من الرمي في النار ، والهجرة ، إلى ذبح ابنه ، أثبتت لنا أنّ إبراهيم عليه السلام كان همه الوحيد هو مرضاة الله تعالى ، ولا تهمه نفسه ، وقد لمسنا أنّ استجاباته كانت جميعاً نابعة من حبّه المطلق ، وثقته المطلقة بالله تعالى.

ورد في (المدرش)[261] أن إبراهيم عليه السلام طلب من الله تعالى بعد هذا الاختبار أن يتذكر يوم قربان إسحاق ويغفر لأولاده خطاياهم في المستقبل، أجابه الله سأغفر لهم ذنوبهم حين أسمع البوق في يوم (روش هشانا) من أجل انك سمعت لقولي.

لقد زرع إبراهيم عليه السلام روح الفداء والتضحية في سبيل الله تعالى في نفوس كل العاملين بصدق في نشر كلمة الله ، والإصلاح بين الناس على مدى التاريخ.

(261) مدرش 1، ص 202

البشارة بولادة إسحاق في التوراة والقرآن الكريم

أولاً: البشارة بولادة إسحاق في التوراة:

جاءت البشارة بولادة اسحاق عليه السلام عندما كان إبراهيم عليه السلام جالساً في باب خيمته، وفجأة ظهر أمامه ثلاثة رجال، فدعاهم لضيافته، وبعد أن أكلوا بشّروه بغلام عليم **«وَظَهَرَ لَهُ الرَّبُّ عِنْدَ بَلُّوطَاتِ مَمْرَا وَهُوَ جَالِسٌ فِي بَابِ الْخَيْمَةِ وَقْتَ حَرِّ النَّهَارِ ، فَرَفَعَ عَيْنَيْهِ وَنَظَرَ وَإِذَا ثَلاَثَةُ رِجَال وَاقِفُونَ لَدَيْهِ. فَلَمَّا نَظَرَ رَكَضَ لاسْتِقْبَالِهِم مِنْ بَابِ الْخَيْمَةِ وَسَجَدَ إِلى الأَرْضِ ، وَقَالَ يَا سَيِّدُ ، إِنْ كُنْتُ قَدْ وَجَدْتُ نِعْمَةً فِي عَيْنَيْكَ فَلاَ تَتَجَاوَزْ عَبْدَكَ. لِيُؤْخَذْ قَلِيلُ مَاءٍ وَاغْسِلُوا أَرْجُلَكُمْ وَاتَّكِئُوا تَحْتَ الشَّجَرَةِ ، فَآخُذَ كِسْرَةَ خُبْزٍ ، فَتُسْنِدُونَ قُلُوبَكُمْ ثُمَّ تَجْتَازُونَ ، لأَنَّكُمْ قَدْ مَرَرْتُمْ عَلَى عَبْدِكُمْ. فَقَالُوا هكَذَا تَفْعَلُ كَمَا تَكَلَّمْتَ»**.(262)

كان إبراهيم عليه السلام مُحبّاً للضيافة ، وقد ورد في بعض الرّوايات أنّه كان يلقّب بـ«أبي الأضياف» ، وضيافة هؤلاء الرجال الثلاثة الغرباء خير مثال على كرمه ، وحُسن ضيافته. قَبِلَ الرجال دعوته وعمل لهم عجلاً **«فَأَسْرَعَ إِبْرَاهِيمُ إِلى الْخَيْمَةِ إِلى سَارَةَ ، وَقَالَ أَسْرِعِي بِثَلاَثِ كَيْلاَتٍ دَقِيقًا سَمِيذًا. اعْجِنِي وَاصْنَعِي خُبْزَ مَلَّةٍ. ثُمَّ رَكَضَ إِبْرَاهِيمُ إِلى الْبَقَرِ وَأَخَذَ عِجْلًا رَخْصًا وَجَيِّدًا وَأَعْطَاهُ لِلْغُلاَمِ فَأَسْرَعَ لِيَعْمَلَهُ. ثُمَّ أَخَذَ زُبْدًا وَلَبَنًا ، وَالْعِجْلَ الَّذِي عَمِلَهُ ، وَوَضَعَهَا قُدَّامَهُمْ. وَإِذْ كَانَ هُوَ وَاقِفًا لَدَيْهِمْ تَحْتَ الشَّجَرَةِ أَكَلُوا»**.(263)

---

(262) سفر التكوين، 18:1-5.
(263) سفر التكوين، 18:6-8.

وسألوه أين سارة امرأتك ؟ فقال ها هي في الخيمة ، فقال له أحدهم إني أرجع إليك نحو زمان الحياة (مصطلح بمعنى سنة من الآن) ويكون لسارة امرأتك إبن ، وهنا عرف إبراهيم وسارة عليهما السلام هوية الرجال كونهم ملائكةً ورسلاً من الله «**وَقَالُوا لَهُ أَيْنَ سَارَةُ امْرَأَتُكَ ؟ فَقَالَ هَا هِيَ فِي الْخَيْمَةِ. فَقَالَ إِنِّي أَرْجِعُ إِلَيْكَ نَحْوَ زَمَانِ الْحَيَاةِ وَيَكُونُ لِسَارَةَ امْرَأَتِكَ ابْنٌ. وَكَانَتْ سَارَةُ سَامِعَةً فِي بَابِ الْخَيْمَةِ وَهُوَ وَرَاءَهُ. وَكَانَ إِبْرَاهِيمُ وَسَارَةُ شَيْخَيْنِ مُتَقَدِّمَيْنِ فِي الأَيَّامِ ، وَقَدِ انْقَطَعَ أَنْ يَكُونَ لِسَارَةَ عَادَةٌ كَالنِّسَاءِ. فَضَحِكَتْ سَارَةُ فِي بَاطِنِهَا قَائِلَةً أَبَعْدَ فَنَائِي يَكُونُ لِي تَنَعُّمٌ ، وَسَيِّدِي قَدْ شَاخَ ؟ فَقَالَ الرَّبُّ لإِبْرَاهِيمَ لِمَاذَا ضَحِكَتْ سَارَةُ قَائِلَةً أَفَبِالْحَقِيقَةِ أَلِدُ وَأَنَا قَدْ شِخْتُ ؟ هَلْ يَسْتَحِيلُ عَلَى الرَّبِّ شَيْءٌ ؟ فِي الْمِيعَادِ أَرْجِعُ إِلَيْكَ نَحْوَ زَمَانِ الْحَيَاةِ وَيَكُونُ لِسَارَةَ ابْنٌ. فَأَنْكَرَتْ سَارَةُ قَائِلَةً لَمْ أَضْحَكْ. لأَنَّهَا خَافَتْ. فَقَالَ لاَ! بَلْ ضَحِكْتِ**».(264)

وفعل الرب لسارة عليها السلام كما تكلّم فحبلت وولدت ابنا ودعي اسمه اسحاق، وكان إبراهيم عليه السلام ابن مئة سنة «**وَفَعَلَ الرَّبُّ لِسَارَةَ كَمَا تَكَلَّمَ. فَحَبِلَتْ سَارَةُ وَوَلَدَتْ لإِبْرَاهِيمَ ابْنًا فِي شَيْخُوخَتِهِ ، فِي الْوَقْتِ الَّذِي تَكَلَّمَ اللهُ عَنْهُ. وَدَعَا إِبْرَاهِيمُ اسْمَ ابْنِهِ الْمَوْلُودِ لَهُ ، الَّذِي وَلَدَتْهُ لَهُ سَارَةُ إِسْحَاقَ**»،(265) «**وَخَتَنَ إِبْرَاهِيمُ إِسْحَاقَ ابْنَهُ وَهُوَ ابْنُ ثَمَانِيَةِ أَيَّامٍ كَمَا أَمَرَهُ اللهُ**»،(266) «**وَكَانَ إِبْرَاهِيمُ ابْنَ مِئَةِ سَنَةٍ حِينَ وُلِدَ لَهُ إِسْحَاقُ ابْنُهُ**»،(267) وقالت سارة قد صنع إلي الله ضحكاً ، كل من يسمع بالولادة يضحك لي ربما بسبب شيخوختها حيث بلغت التسعين من عمرها «**وَقَالَتْ سَارَةُ قَدْ صَنَعَ إِلَيَّ اللهُ ضِحْكًا. كُلُّ مَنْ يَسْمَعُ يَضْحَكُ لِي**».(268) يمثل إسحاق معجزة عظيمة لإبراهيم وسارة عليهما السلام لأنه ولد في شيخوختهما.

فكبر الولد وفطم وصنع إبراهيم عليه السلام وليمة عظيمة يوم فطام إسحاق «**فَكَبِرَ الْوَلَدُ وَفُطِمَ. وَصَنَعَ إِبْرَاهِيمُ وَلِيمَةً عَظِيمَةً يَوْمَ فِطَامِ إِسْحَاقَ**»،(269) لكن لم يذكر أنّه عمل وليمة يوم ولادته.

---

(264) سفر التكوين، 18:9–15.
(265) سفر التكوين، 21:1–3.
(266) سفر التكوين، 21:4.
(267) سفر التكوين، 21:5.
(268) سفر التكوين، 21:6.
(269) سفر التكوين، 21:8.

والذي تقدّم يعكس اللطف الإلهي بعباده الصالحين؛ لأن إبراهيم عليه السلام كان شيخاً كبير السنّ ، وزوجته كانت عاقراً ، ومع هذا كتب الله لهما الولد الصالح ، فلا ينبغي للإنسان أن يحترّز عن التوسل إلى الله تعالى في قضاء أي حاجة يطلبها ، ومن الخطأ الفادح أن يتوهم الإنسان أن الله تعالى يعجز عن الاستجابة له ، لأنه القادر على كل شيء.

ثانيا:البشارة بولادة اسحاق في القرآن الكريم

وصف القرآن الكريم قصة البشارة بولادة اسحاق كما جاءت في التوراة مع بعض الفارق. كان الرجال الثلاثة ملائكة وجاءوا بهيئة بشر وبشّروه بولد جليل الشأن ﴿ **وَلَقَد جَاءت رُسُلُنَا إبرَاهِيمَ بِالبُشرَى قَالُوا سَلاَماً قَالَ سَلاَمٌ** ﴾،[270] فهيأ لهم طعاماً ووضعه أمامهم ﴿ **فَرَاغَ إِلَى أَهلِهِ فَجَاء بِعِجلٍ سَمِينٍ * فَقَرَّبَهُ إِلَيهِم قَالَ أَلا تَأكُلُونَ** ﴾.[271] إلّا أنّهم لم يدنوا الى الطعام ، فسجّل إبراهيم عليه السلام بينه وبين نفسه عدة ملاحظات ، تؤيد غرابة ضيوفه. ﴿ **هَل أَتَاكَ حَدِيثُ ضَيفِ إبرَاهِيمَ المُكرَمِينَ * إذ دَخَلُوا عَلَيهِ فَقَالُوا سَلاماً قَالَ سَلامٌ قَومٌ مُّنكَرُونَ** ﴾.[272]

أولاً: كان إبراهيم عليه السلام جالساً في باب خيمته عندما حضر الضيوف أمامه فجأة ، بمعنى أنّه لم يرهم قادمين نحوه من مسافة، لم يرهم إلّا وهم أمامه واقفون.

ثانياً: لم تكن معهم دواب تحملهم.

ثالثاً: لم تكن معهم أمتعة.

رابعاً: كانوا مسافرين ، وليس عليهم أثرٌ لتراب السفر.

خامساً: يدعوهم إلى طعام ولم يأكلوا.

﴿ **فَلَمَّا رَأَى أَيدِيَهُم لاَ تَصِلُ إِلَيهِ نَكِرَهُم وَأَوجَسَ مِنهُم خِيفَةً**﴾ واضطر أن يصارحهم عمّا جال في خاطره ﴿ **قَالَ إِنَّا مِنكُم وَجِلُونَ** ﴾،[273] ﴿**قَالُوا لاَ تَخَف إِنَّا أُرسِلنَا إِلَى قَومِ لُوطٍ** ﴾.[274]

---

(270) هود، 69.
(271) الذاريات، 26 و27.
(272) الذاريات، 24 و25.
(273) الحجر، 52.
(274) هود، 70.

وكان مصدر خوف إبراهيم عليه السلام ممّا كان متعارفاً في مسألة ردّ الطعام ، أو عدم التقرب منه ، فهو عندهم إشارة إلى وجود نيّة سوء ، أو علامة عداء. إلّا أنّ الملائكة لم تترك إبراهيم عليه السلام في هذا الحال، فطمأنوه ﴿ **قَالُوا لاَ تَوجَل إِنَّا نُبَشِّرُكَ بِغُلامٍ عَلِيمٍ** ﴾،(275)، وأكدوا له ثانيةً ﴿ **قَالُوا لا تَخَف وَبَشَّرُوهُ بِغُلامٍ عَلِيمٍ** ﴾.(276)

وعندما شخّصهم إبراهيم عليه السلام كونهم ملائكة ، والملائكة لا تأكل ، هدأ روعُه ، وكان إبراهيم عليه السلام يعلم أنّه من المستبعد أن يحصل له ولد ضمن الموازين الطبيعية ، ولهذا سألهم بصيغة التعجّب ، قال أبشرتموني على أن مسّني الكبر، فبماذا تبشرون ؟ لم يدع الملائكة مجالاً لشك أو تعجب إبراهيم عليه السلام ، فقالوا بشرناك بالحق ، فهي بشارة من الله وبأمره فلا تكن من القانطين ﴿ **قَالَ أَبَشَّرتُمُونِي عَلَى أَن مَّسَّنِيَ الكِبَرُ فَبِمَ تُبَشِّرُونَ * قَالُوا بَشَّرنَاكَ بِالحَقِّ فَلاَ تَكُن مِّنَ القَانِطِينَ** ﴾.(277) أكد لهم إبراهيم عليه السلام قائلاً ومن يقنط من رحمة ربّه إلّا الضّالون ﴿ **قَالَ وَمَن يَقنَطُ مِن رَّحمَةِ رَبِّهِ إِلاَّ الضَّآلُّونَ** ﴾.(278) هل من شك بأنّه سبحانه قادر على كل شيء ، بل وهل يصح ممن آمن به وعرفه حق معرفته أن ييأس من رحمته ؟

لقد كانت سارة واقفة معهم عند الحوار فضحكت لسرورها بالبشارة بالولد ﴿ **وَامرَأَتُهُ قَآئِمَةٌ فَضَحِكَت فَبَشَّرنَاهَا بِإِسحَقَ وَمِن وَرَاء إِسحَقَ يَعقُوبَ** ﴾.(279) وسألت بتعجب هل يمكن لامرأة عجوز في سنّها أن يكون لها ولد وزوجها شيخ عجوز ؟ ﴿ **قَالَت يَا وَيلَتَى أَأَلِدُ وَأَنَا عَجُوزٌ وَهَذَا بَعلِي شَيخاً إِنَّ هَذَا لَشَيءٌ عَجِيبٌ** ﴾،(280) ﴿ **فَأَقبَلَتِ امرَأَتُهُ فِي صَرَّةٍ فَصَكَّت وَجهَهَا وَقَالَت عَجُوزٌ عَقِيمٌ** ﴾.(281) فأجابها الملائكة وخاطبوها بلقب "اهل البيت" ﴿ **قَالُوا أَتَعجَبِينَ مِن أَمرِ اللهِ رَحمَتُ اللهِ وَبَرَكَاتُهُ عَلَيكُم أَهلَ البَيتِ إِنَّهُ حَمِيدٌ مَّجِيدٌ** ﴾،(282) ﴿ **قَالُوا كَذَلِكَ قَالَ رَبُّكِ إِنَّهُ هُوَ الحَكِيمُ العَلِيمُ** ﴾.(283)

---

(275) الحجر، 53.
(276) الذاريات، 28.
(277) الحجر، 54 و 55.
(278) الحجر، 56.
(279) هود، 71.
(280) هود، 72.
(281) الذاريات، 29.
(282) هود، 73.
(283) الذاريات، 30.

أما كلمة «حميد» فتعني أنّ نعمه تعالى كثيرة على عباده ، وهي توجب الثناء والحمد عليها ، وأمّا كلمة «مجيد» فتطلق على من يهب النعم حتى قبل استحقاقها. وأضافوا هذا ما قاله الله تعالى أنّه هو الحكيم العليم.

والتعبير بـ«الحكيم» و«العليم» إشارة إلى أنّه لا يحتاج إلى الإخبار بكونِكِ امرأة عقيماً عجوزاً ، وبعلك شيخاً ، الله يعرف كلّ هذه الأمور ، وإذا لم يرزقكِ حتّى الآن ولداً ، وأراد أن يَهبُكِ في هذه السنّ ولداً ، فإنّما هو لحكمته. تحققت الولادة في السنة اللاحقة للبشارة وكبُر إسحاق عليه السلام ، وصار نبياً ، وسار على منهاج أبيه ، رجلاً صالحاً.

أدعيةُ إبراهيم في التوراة والقرآن الكريم

أولاً:أدعية إبراهيم عليه السلام في(التوراة):

فُصّلت قصة إبراهيم عليه السلام في (التوراة) في ست عشر صفحة من (سفر التكوين) ، ابتدأت بسلالة نسبه في الإصحاح الحادي عشر ، وانتهت بوفاته في الاصحاح الخامس والعشرين ، ولم يرد فيها إلاّ ثلاثة أدعية له فقط ، أولها دعاء لابنه إسماعيل عليه السلام ، وثانيهما دعاء لابن أخيه لوط عليه السلام ، وثالثهما دعاء للملك أبيمالك.

لقد أحب إبراهيم عليه السلام إسماعيل كثيراً، وطلب من الله تعالى أن يعيش إسماعيل عليه السلام أمامه، بمعنى ان يباركه «**وَقَالَ إِبْرَاهِيمُ للهِ لَيْتَ إِسْمَاعِيلَ يَعِيشُ أَمَامَكَ**».(284)

فاستجاب الله له دعاءه ، وبارك لإسماعيل، وكثّر نسله ، وجعله أمة كبيرة «**وَأَمَّا إِسْمَاعِيلُ فَقَدْ سَمِعْتُ لَكَ فِيهِ. هَا أَنَا أُبَارِكُهُ وَأُثْمِرُهُ وَأُكَثِّرُهُ كَثِيرًا جِدًّا. اِثْنَيْ عَشَرَ رَئِيسًا يَلِدُ ، وَأَجْعَلُهُ أُمَّةً كَبِيرَةً**».(285) وقد علّق مفسرو التوراة على هذه الآية (إن الله تعالى وفّى بعهده الى إسماعيل ، وجعله أمةً سادت العالم بعددها ، وظهر منها الاسلام. أمّا نحن ، سلالة إسحاق ، فقد تأخر الوعد الالهي بحقنا بسبب ذنوبنا).(286) أضف الى ذلك

---

(284) سفر التكوين، 17:18.
(285) سفر التكوين، 17:20.
The Torah, The Stone Edition, Mesorah Publications, Ltd. 2009, Page 76. (286) Translated to Arabic by the current author

أن ملاك الرب هو الذي سمّاه إسماعيل قبل ولادته «**وَقَالَ لَهَا مَلاَكُ الرَّبِّ: هَا أَنْتِ حُبْلَى ، فَتَلِدِينَ ابْنًا وَتَدْعِينَ اسْمَهُ إِسْمَاعِيلَ ، لأَنَّ الرَّبَّ قَدْ سَمِعَ لِمَذَلَّتِكِ**».(287)

دعاء إبراهيم عليه السلام الثاني إلى الله ان يحفظ لوطاً ابن أخيه بعد ان عرف إبراهيم عليه السلام من الملكين المرسلين عَزْم الله تعالى في دمار سدوم وعمورة وأهلها بسبب شذوذهم الجنسي «**فَتَقَدَّمَ إِبْرَاهِيمُ وَقَالَ أَفَتُهْلِكُ الْبَارَّ مَعَ الأَثِيمِ ؟**».(288)

إستجاب الله تعالى دعاءه ونجّى لوطاً وابنتيه «**وَلَمَّا طَلَعَ الْفَجْرُ كَانَ الْمَلاَكَانِ يُعَجِّلاَنِ لُوطًا قَائِلَيْنِ قُمْ خُذِ امْرَأَتَكَ وَابْنَتَيْكَ الْمَوْجُودَتَيْنِ لِئَلاَّ تَهْلِكَ بِإِثْمِ الْمَدِينَةِ. وَلَمَّا تَوَانَى ، أَمْسَكَ الرَّجُلاَنِ بِيَدِهِ وَبِيَدِ امْرَأَتِهِ وَبِيَدِ ابْنَتَيْهِ ، لِشَفَقَةِ الرَّبِّ عَلَيْهِ ، وَأَخْرَجَاهُ وَوَضَعَاهُ خَارِجَ الْمَدِينَةِ**».(289)

وفي صباح اليوم التالي، دمرت (سدوم وعمورة)«**وَإِذْ أَشْرَقَتِ الشَّمْسُ عَلَى الأَرْضِ دَخَلَ لُوطٌ إِلَى صُوغَرَ ، فَأَمْطَرَ الرَّبُّ عَلَى سَدُومَ وَعَمُورَةَ كِبْرِيتًا وَنَارًا مِنْ عِنْدِ الرَّبِّ مِنَ السَّمَاءِ. وَقَلَبَ تِلْكَ الْمُدُنَ ، وَكُلَّ الدَّائِرَةِ ، وَجَمِيعَ سُكَّانِ الْمُدُنِ ، وَنَبَاتِ الأَرْضِ. وَنَظَرَتِ امْرَأَتُهُ مِنْ وَرَائِهِ فَصَارَتْ عَمُودَ مِلْحٍ**».(290) وآثار دمارهم مازالت موجودة إلى يومنا هذا.

تغرّب إبراهيم عليه السلام في جَرار من أرض كنعان ، وقال عن امرأته سارة أنّها أُخته لأنّه كان خائفاً ان يقتلوه ويستبقوها. فأرسل (أبيمالك) ملك جرار ، وأخذ سارة ليتزوجها لجمالها. فجاء الله إلى أبيمالك قبل ان يقترب من سارة في حلم الليل ، وقال له: ها أنتَ ميّت من أجل المرأة التي أخذتها ، فإنها متزوجة ببعل «**فَالآنَ رُدَّ امْرَأَةَ الرَّجُلِ ، فَإِنَّهُ نَبِيٌّ ، فَيُصَلِّيَ لأَجْلِكَ فَتَحْيَا. وَإِنْ كُنْتَ لَسْتَ تَرُدُّهَا ، فَاعْلَمْ أَنَّكَ مَوْتًا تَمُوتُ ، أَنْتَ وَكُلُّ مَنْ لَكَ**»(291)

---

(287) تكوين، 16:11.
(288) سفر التكوين، 18:23.
(289) سفر التكوين، 16–19:15.
(290) سفر التكوين، 26–19:23.
(291) سفر التكوين، 20:7.

فأخذ أبيمالك غنماً ، وبقراً ، وعبيداً ، وإماء وأعطاها لإبراهيم ، وردّ إليه سارة امرأته. فصلّى إبراهيم عليه السلام إلى الله ، فشفى الله أبيمالك وامرأته وجواريه.

«فَصَلَّى إِبْرَاهِيمُ إلى اللهِ ، فَشَفَى اللهُ أَبِيمَالِكَ وَامْرَأَتَهُ وَجَوَارِيَهُ فَوَلَدْنَ. لأَنَّ الرَّبَّ كَانَ قَدْ أَغْلَقَ كُلَّ رَحِمٍ لِبَيْتِ أَبِيمَالِكَ بِسَبَبِ سَارَةَ امْرَأَةِ إِبْرَاهِيمَ»[292]

ثانياً: أدعية إبراهيم عليه السلام في القرآن الكريم

إتّسمت أدعية إبراهيم عليه السلام في القرآن الكريم بطابع المحبّة وطلب الخير للآخرين ، ولم يُقصر الدعاء على نفسه ، بل كان يدعو للجميع ، فأصبح إنساناً سعيداً ومباركاً ومقرّباً الى الله. وكلّ ما يحتاجه فإنّه كان يطلبه من الله تعالى ، ليكشف للناس ولعَبَدة الأصنام أنّه مهما أرادوا من شؤون الدنيا والآخرة ، فعليهم أن يطلبوه من الله تعالى ، تأكيداً على ربوبيته تعالى المطلقة ﴿ **وَإِذ قَالَ إِبرَاهِيمُ رَبِّ اجعَل هَذَا بَلَداً آمِناً وَارزُق أَهلَهُ مِنَ الثَّمَرَاتِ مَن آمَنَ مِنهُم بِاللهِ وَاليَومِ الآخِرِ** ﴾.[293]

لقد استجاب الله لدعاء إبراهيم عليه السلام ، وجعل أرض مكة المقدسة مركزاً آمناً بالمعنى الواسع لكلمة الأمن ، عن كلّ نزاع ، واشتباك ، وحرب ، وإراقة دماء لا لأفراد البشر فحسب ، بل لجميع الحيوانات والطيور أيضاً في هذه البقعة. فلا يحقّ لأحدٍ أن يمسّها بسوء. كما رزق أهلها نعماً مادية ومعنوية.

تذكر المصادر التاريخيّة أنّ بيت الله في مكة كان قائماً منذ زمن آدم عليه السلام ، ثم انهدم في طوفان نوح ، وبقي منه القواعد فقط ، ثُمّ أُعيد بناؤه على يد إبراهيم وابنه إسماعيل عليهما السلام ، فطلبا أن يتقبل الله عملهما ﴿ **وَإِذ يَرفَعُ إِبرَاهِيمُ القَوَاعِدَ مِنَ البَيتِ وَإِسمَاعِيلُ رَبَّنَا تَقَبَّل مِنَّا إِنَّكَ أَنتَ السَّمِيعُ العَلِيمُ * رَبَّنَا وَاجعَلنَا مُسلِمَينِ لَكَ وَمِن ذُرِّيَّتِنَا أُمَّةً مُّسلِمَةً لَّكَ وَأَرِنَا مَنَاسِكَنَا وَتُب عَلَينَآ إِنَّكَ أَنتَ التَّوَّابُ الرَّحِيمُ** ﴾.[294] كما طلبا نعمة التسليم لوجهه

(292) سفر التكوين، 18–17:20.
(293) البقرة، 126.
(294) البقرة، 127 و128.

الكريم ، وطلبا تفهم طريق العبادة ، حق العبادة ، وطلبا التوبة أيضاً. كما طلب إبراهيم عليه السلام الحكم وإلحاقه بالصالحين ﴿ **رَبِّ هَب لِي حُكماً وَأَلحِقنِي بِالصَّالِحِينَ * وَاجعَل لِّي لِسَانَ صِدقٍ فِي الآخِرِينَ** ﴾،[295] فالحكمة تعني معرفة القيم والمعايير التي يستطيع الإنسان بها أن يعرف الحق ويميز الباطل. وأما الحكم فهو القدرة على القضاء الصحيح الخالي من الهوى والخطأ. ثم يسأل من الله إلحاقه بالصالحين ، وهو إشارة إلى الجوانب العملية ، أو الحكمة العملية في مقابل الطلب السابق وهو الحكمة النظرية. واجعل لي لسان صدق في الآخرين، أيْ اجعلني بحال تَذكُرني الأجيال الآتية بخير ، واجعل منهجي مستمراً بينهم فيتخذوني أُسوةً وقدوة لهم ، فيتحركون ويسيرون في المنهاج المستقيم والسبيل القويم.

إنّ "الدخول في الصالحين" بالشكل الذي يُستنتج من كثير من آيات القرآن هو أوج الفخر، ولذلك فإنّ كثيراً من الأنبياء كانوا يسألون الله أن يدخلهم في زمرة عباده الصالحين. فيوسف عليه السلام بعد وصوله إلى أبرز الإنتصارات الظاهرية يسأل الله فيقول: ﴿ **تَوَفَّنِي مُسْلِمًا وَأَلْحِقْنِي بِالصَّالِحِينَ** ﴾.[296] وكذلك نبيّ الله سليمان عليه السلام مع ما لديه من جاه وحشمة وجلالة، يطلب من الله ﴿ **وَأَدْخِلْنِي بِرَحْمَتِكَ فِي عِبَادِكَ الصَّالِحِينَ** ﴾،[297] وشعيب عليه السلام ، ذلك النّبي العظيم، حين وقع العقد على استئجار موسى عليه السلام قال له: ﴿ **سَتَجِدُنِي إِن شَاءَ اللَّهُ مِنَ الصَّالِحِينَ** ﴾،[298] ، وإبراهيم عليه السلام أيضاً يطلب لنفسه من الله أن يكون في زمرة الصالحين ﴿ **رَبِّ هَب لِي حُكماً وَأَلحِقنِي بِالصَّالِحِينَ** ﴾.[299] كما يطلب من الله أن يرزقه أبناءً صالحين فيقول: ﴿ **رَبِّ هَب لِي مِنَ الصَّالِحِينَ** ﴾.[300]

كما نلاحظ في كثير من الآيات أن الله سبحانه حين يمدح أنبياءه العظام في كتابه، يصفهم بأنّهم "من عباده الصالحين". ويستفاد من مجموع هذه الآيات - بصورة جيدة - أن أسمى مراحل تكامل الإنسان هو أن يكون

---

(295) الشعراء، 83 و84.
(296) يوسف، 101.
(297) النمل، 19.
(298) القصص، 27.
(299) الشعراء، 83.
(300) الصافات، 100.

عبداً صالحاً، بمعنى أن يكون جديراً بالاعتقاد والإيمان، جديراً بالعمل، جديراً بالقول، جديراً بالأخلاق! ويقابله الفساد الذي يشمل جميع أنواع الظلم والأعمال السيئة وما لا يليق.

لقد استجاب الله دعاء إبراهيم عليه السلام ﴿ **وَوَهَبنَا لَهُم مِّن رَّحمَتِنَا وَجَعَلنَا لَهُم لِسَانَ صِدقٍ عَلِيّاً** ﴾.[301] ووهب له الابناء الصالحين ﴿ **وَوَهَبنَا لَهُ إِسحَقَ وَيَعقُوبَ** ﴾،[302] ﴿ **وَجَعَلْنَا فِي ذُرِّيَّتِهِ النُّبُوَّةَ وَالْكِتَابَ** ﴾،[303] ﴿ **وَآتَيْنَاهُ أَجْرَهُ فِي الدُّنْيَا وَإِنَّهُ فِي الْآخِرَةِ لَمِنَ الصَّالِحِينَ** ﴾.[304]

وكان من دعائه عليه السلام من أجل إصلاح نفوس المؤمنين ، بأن يبعث فيهم رسولاً منهم يتلو آيات الله على الناس في التبشير والانذار ، ويعلّمهم الكتب الالهية والحكمة، أي العلوم والأسرار والعلل والنتائج الموجودة في الأحكام ، ويُزكّيهم، أي يطهّرهم من الشرور والأثام، وينمّي قابلياتهم على الخير. ونعرف أن هذا الدعاء قد تحقق بظهور نبيّ الإسلام. وبقي ذكر إبراهيم عليه السلام الجميل مستمراً على لسان المسلمين ﴿ **رَبَّنَا وَابعَث فِيهِم رَسُولاً مِّنهُم يَتلُو عَلَيهِم آيَاتِكَ وَيُعَلِّمُهُمُ الكِتَابَ وَالحِكمَةَ وَيُزَكِّيهِم إِنَّكَ أَنتَ العَزِيزُ الحَكِيمُ** ﴾.[305]

كان إبراهيم عليه السلام يدعو الناس إلى التوحيد وترك عبادة الأصنام ، ويسأل الله أن يجعل من تبعه من صنف الصالحين ويجزيه خيراً ، ولا يعاقب من يعصيه - عن جهالة - لأنه غفور رحيم ، هكذا كان قلب إبراهيم عليه السلام رؤوفاً رحيماً ﴿ **رَبِّ إِنَّهُنَّ أَضلَلنَ كَثِيراً مِّنَ النَّاسِ فَمَن تَبِعَنِي فَإِنَّهُ مِنِّي وَمَن عَصَانِي فَإِنَّكَ غَفُورٌ رَّحِيمٌ** ﴾.[306]

كان إبراهيم عليه السلام ينظر إلى أفق أبعد من أفق الدنيا ، وكان يتوجه إلى الدار الآخرة ، ويطلب من الله تعالى أن يجعله من ورثة جنّة النعيم التي

---

(301) مريم، 50.
(302) العنكبوت، 27.
(303) العنكبوت، 27. تتمة الآية السابقة.
(304) العنكبوت، 27. تتمة الآية السابقة.
(305) البقرة، 129.
(306) إبراهيم، 36.

تتماوج فيها النعم التي لا يمكن أن نتصورها نحنُ - سجناءَ الدنيا - نِعمٌ ما لا عين رأت ، ولا أذن سمعت ﴿ **وَاجعَلنِي مِن وَرَثَةِ جَنَّةِ النَّعِيمِ** ﴾.[307]

كما دعا إبراهيم عليه السلام لأبيه الضال مراراً آملاً أن يجرّه إلى طريق الإيمان ﴿ **وَاغفِر لأَبِي إِنَّهُ كَانَ مِنَ الضَّالِّينَ** ﴾،[308] إلاّ أنّ أباه ثبت على عدائه لدين الحقّ ، حينئذ قطع إبراهيم عليه السلام استغفاره عنه وتبرّأ منه ﴿ **وَمَا كَانَ استِغفَارُ إِبرَاهِيمَ لِأَبِيهِ إِلاَّ عَن مَّوعِدَةٍ وَعَدَهَا إِيَّاهُ فَلَمَّا تَبَيَّنَ لَهُ أَنَّهُ عَدُوٌّ للهِ تَبَرَّأَ مِنهُ إِنَّ إِبرَاهِيمَ لأَوَّاهٌ حَلِيمٌ** ﴾.[309]

كما طلب إبراهيم عليه السلام من الله تعالى أن لا يُخزيه يوم القيامة ﴿ **وَلا تُخزِنِي يَومَ يُبعَثُونَ * يَومَ لا يَنفَعُ مَالٌ وَلا بَنُونَ * إلا مَن أَتَى اللهَ بِقَلبٍ سَلِيمٍ** ﴾،[310] والخزي معناه الذل والانكسار الروحي الذي يظهر على وجه الإنسان من الحياء المفرط ، أو من جهة الآخرين حين يُحرجونه ويُخجلونه.

لم تكن الأصنام من الأحجار والخشب دائماً ، بل هناك فراعنة من البشر أمثال نمرود ، والذين كانوا يدعون الناس لعبادتهم ، ويسمّون أنفسهم بالربّ الأعلى ، والمحي والمميت ، وما أكثر الآلهة والمعبودات في زماننا هذا ، فكلّ ما يطغى على عقل الانسان ويُبعده عن ذكر الله فهو صنمٌ ، كالمال ، أو جهاز الحاسوب ، أو الهاتف الجوال ، وأمثالها ان شغلته عن ذكر الله. فطلب إبراهيم عليه السلام من الله تعالى أن يجنّبه وذريته من الشرك وعبادة الأصنام ﴿ **وَإِذ قَالَ إِبرَاهِيمُ رَبِّ اجعَل هَذَا البَلَدَ آمِناً وَاجنُبنِي وَبَنِيَّ أَن نَّعبُدَ الأَصنَامَ** ﴾.[311]

وكان يدعو الله تعالى لطلب الذرّية الصالحة وقد تقدم به السنّ ولم ينجب وزوجته سارة كانت عاقرا ، لكنه لم ييأس من رحمة الله ، فاستجاب له الله تعالى دعاءه ، ووهب له إسماعيل واسحاق عليهما السلام ومن وراء إسحاق يعقوب عليه السلام ﴿ **رَبِّ هَب لِي مِنَ الصَّالِحِينَ * فَبَشَّرنَاهُ بِغُلامٍ حَلِيمٍ** ﴾،[312] ﴿ **وَامرَأَتُهُ قَآئِمَةٌ فَضَحِكَت فَبَشَّرنَاهَا بِإِسحَقَ وَمِن وَرَاء إِسحَقَ يَعقُوبَ** ﴾.[313]

---

(307) الشعراء، 85.
(308) الشعراء، 86.
(309) التوبة، 114.
(310) الشعراء، 87 – 89.
(311) إبراهيم، 35.
(312) الصافات، 100 و101.
(313) هود، 71.

وعندما رزقه الله إسماعيل من هاجر عليهما السلام ، ولم تستطع زوجته الأُولى سارة عليها السلام تحمّل وجود هاجر وابنها عليهما السلام، طلبت من إبراهيم عليه السلام أن يذهب بهما إلى مكان آخر ، فاستجاب لها إبراهيم عليه السلام طبقاً للأوامر الإلهيّة ، وجاء بإسماعيل وأُمّه عليهما السلام إلى صحراء مكّة القاحلة ، حيث ودّعهما ودعا الله لهما ﴿ **رَّبَّنَا إِنِّي أَسكَنتُ مِن ذُرِّيَّتِي بِوَادٍ غَيرِ ذِي زَرعٍ عِندَ بَيتِكَ المُحَرَّمِ رَبَّنَا لِيُقِيمُوا الصَّلاَةَ فَاجعَل أَفئِدَةً مِّنَ النَّاسِ تَهوِي إِلَيهِم وَارزُقهُم مِّنَ الثَّمَرَاتِ لَعَلَّهُم يَشكُرُونَ** ﴾.[314]

ثم شكر إبراهيم عليه السلام لنعمه تعالى ، والتي هي من أهمّ ما امتاز به شكره على منحه ولدين بارّين إسماعيل واسحاق عليهما السلام في سنّ الشيخوخة ﴿ **الحَمدُ للهِ الَّذِي وَهَبَ لِي عَلَى الكِبَرِ إِسمَاعِيلَ وَإِسحَقَ إِنَّ رَبِّي لَسَمِيعُ الدُّعَاء** ﴾.[315]

ثم طلب إبراهيم عليه السلام من الله تعالى التوفيق له ولذريته لإقامة الصلاة والتي هي أقوى صلة بين الإنسان وربّه ﴿ **رَبِّ اجعَلنِي مُقِيمَ الصَّلاَةِ وَمِن ذُرِّيَّتِي رَبَّنَا وَتَقَبَّل دُعَاء** ﴾.[316]

كما طلب من الله تعالى قبول دعائه ، ونحن نعلم أنّ الله تعالى يقبل الدعاء من مواقع الإخلاص ، والقلوب الطاهرة ، والأرواح السامية ، وأنّه لم يطلبها لنفسه فقط ، بل للآخرين كذلك ﴿ **رَبَّنَا اغفِر لِي وَلِوَالِدَيَّ وَلِلمُؤمِنِينَ يَومَ يَقُومُ الحِسَابُ** ﴾.[317]

وكان من دعائه أن لا نقع في قبضة الكافرين ، فيقولوا: أنّ هؤلاء لو كانوا على الحقّ ما غُلبوا ، ويؤدّي هذا التوهّم إلى ضلالهم أكثر. بمعنى أن لا يقع مبدأ الحقّ في دائرة الشكّ ، ويكون الانتصار الظاهري للكفّار دليلا على حقّانيتهم ﴿ **رَبَّنَا لا تَجعَلنَا فِتنَةً لِّلَّذِينَ كَفَرُوا وَاغفِر لَنَا رَبَّنَا إِنَّكَ أَنتَ العَزِيزُ الحَكِيمُ** ﴾.[318]

---

(314) إبراهيم، 37.
(315) إبراهيم، 39.
(316) إبراهيم، 40.
(317) إبراهيم، 41.
(318) الممتحنة، 5.

إنّ المؤمن يفوّض أمره إلى الله تعالى ، ويتوكّل عليه ، ويستسلم له ، ويرضى بقضائه ، وهذه هي أركان الايمان الأربعة بالله ﴿ **رَّبَّنَا عَلَيكَ تَوَكَّلنَا وَإِلَيكَ أَنَبنَا وَإِلَيكَ المَصِيرُ** ﴾.[319]

وكان من دعاء إبراهيم وإسماعيل عليهما السلام عندما رفعا قواعد بيت الله الحرام في مكة أن يتقبل الله عملهما ﴿ **وَإِذ يَرفَعُ إِبرَاهِيمُ القَوَاعِدَ مِنَ البَيتِ وَإِسمَاعِيلُ رَبَّنَا تَقَبَّل مِنَّا إِنَّكَ أَنتَ السَّمِيعُ العَلِيمُ** ﴾.[320]

وبعد أن أتمّ إبراهيم عليه السلام الاختبارات الالهية بنجاح ، منحه الله وسام الامامة ، وحين طلب الإمامة لذريته ، أجابه أنّ الامامة للصالحين فقط وأنّ الظالم لا ينال عهداً مع الله ﴿ **وَإِذِ ابتَلَى إِبرَاهِيمَ رَبُّهُ بِكَلِمَاتٍ فَأَتَمَّهُنَّ قَالَ إِنِّي جَاعِلُكَ لِلنَّاسِ إِمَاماً قَالَ وَمِن ذُرِّيَّتِي قَالَ لاَ يَنَالُ عَهدِي الظَّالِمِينَ**﴾.[321]

---

(319) الممتحنة، 4.
(320) البقرة، 127.
(321) البقرة، 124.

وفاة سارة عليها السلام

بعد رجوع إبراهيم عليه السلام الى بيته وهو يطير فرحاً ليبشر سارة بخبر نجاة إسحاق عليه السلام والفداء بالكبش، وجد أن سارة عليها السلام قد توفت، فانقلب فرحه الى عزاء. ما هو سبب وفاة سارة؟ ورد في (المدرش)[322] أن الشيطان فشل في إحباط عزيمة إبراهيم على ذبح إسحاق، فظهر الشيطان الى سارة عوضاً عنه وسألها أين اسحاق؟ اجابته أنه ذهب مع والده ليتعلم قوانين الذبح وتقديم القرابين. قال لها الشيطان: هذا غير صحيح، وان إسحاق هو القربان.

ولو أن سارة حاولت عدم تصديق ادعاء الشيطان، لكنها على ما يبدو تأثرت بكلماته وأصابها القلق. فأسرعت الى بيت العماليق (طوال القامة) في حبرون وسألتهم برجاء هل ترون في الافق البعيد شيخاً مُسنًا مع ولده وخادمين؟ قام العماليق ووقفوا على طول قامتهم وتبحروا في الافق، ثم قالوا نعم نرى شيخاً مُسنّا على قمة جبل وفي يده سكينة وولد مربوط على محرقة. شهقت سارة وصرخت ست مرات متتابعات وأسلمت روحها وأودعت الحياة. ولهذا ينفخ في البوق ست نفخات متواصلة في احتفال يوم روش هشانة (رأس السنة اليهودية) تذكاراً لصرخات سارة الست، الى يومنا هذا.

ثم يطرح (المدرش)[323] سؤالاً ويجيب عليه لماذا لم تبلغ سارة مائة وخمس وسبعين سنة من عمرها كما بلغ ذلك إبراهيم؟ يجيب أن سارة لما رأت هاجر أنها حَبِلَت صغُرت في عينيها وقالت لإبراهيم يقضي الرب بيني

---

(322) مدرش 1، ص 208.
(323) مدرش 1، ص 150.

وبينك «**وَلَمَّا رَأَتْ أَنَّهَا حَبِلَتْ صَغُرَتْ مَوْلاَتُهَا فِي عَيْنَيْهَا. فَقَالَتْ سَارَايُ لأبرام ظُلْمِي عَلَيْكَ! أَنَا دَفَعْتُ جَارِيَتِي إلى حِضْنِكَ ، فَلَمَّا رَأَتْ أَنَّهَا حَبِلَتْ صَغُرْتُ فِي عَيْنَيْهَا. يَقْضِي الرَّبُّ بَيْنِي وَبَيْنَكَ. فَقَالَ أبرام لِسَارَايَ: هُوَذَا جَارِيَتُكِ فِي يَدِكِ افْعَلِي بِهَا مَا يَحْسُنُ فِي عَيْنَيْكِ فَأَذَلَّتْهَا سَارَايُ فَهَرَبَتْ مِنْ وَجْهِهَا**»،[324] ولهذا السبب رحلت سارة قبل إبراهيم بثمان وأربعين سنة، ويضيف (المدرش) قائلاً: إنّ أي شخص يطلب القضاء الالهي العادل، كما طلبت ذلك سارة، فان المحكمة الالهية تقضي له أو عليه بنفس قساوة ذلك القضاء. ويضيف أن سارة عاقبت هاجر وأذلتها على انفراد وأمام الناس مراتٍ الى أن هربت هاجر من وجهها، لكن الله أرسل اليها ملكاً بشرها بمولود لها وسمّاه لها وطيّب خاطرها وأقنعها بالرجوع الى بيت مولاتها.

توفت سارة عليها السلام في حبرون - مدينة الخليل اليوم - وكان عمرها مائة وسبعة وعشرين عاماً «**وَكَانَتْ حَيَاةُ سَارَةَ مِئَةً وَسَبْعًا وَعِشْرِينَ سَنَةً ، سِنِي حَيَاةِ سَارَةَ وَمَاتَتْ سَارَةُ فِي قَرْيَةِ أَرْبَعَ ، الَّتِي هِيَ حَبْرُونُ ، فِي أَرْضِ كَنْعَانَ**»،[325] وبكى عليها إبراهيم عليه السلام «**فَأَتَى إِبْرَاهِيمُ لِيَنْدُبَ سَارَةَ وَيَبْكِيَ عَلَيْهَا**»،[326] ودفنها في مغارة المَكْفيلة في الحقل الذي اشتراه إبراهيم عليه السلام من بني حث «**وَبَعْدَ ذلِكَ دَفَنَ إِبْرَاهِيمُ سَارَةَ امْرَأَتَهُ فِي مَغَارَةِ حَقْلِ الْمَكْفِيلَةِ**».[327]

وهذه هي المرة الأولى التي نسمع فيها عن إبراهيم عليه السلام الشيخ الوقور يندب و يبكي. فلم نسمع أنه بكى أو حزن عند مفارقته أهله بأور الكلدانيين ، ولا عند وفاة (تارح)، ولا عند سبى لوط ، ولا عند إبعاد هاجر وإسماعيل ، ولا عند انطلاقه ليذبح ابنه ، لكنه يقف الآن أمام سارة يندبها ويبكها.

إن كان إيمان إبراهيم عليه السلام قد رفعه فوق الأحداث ، فبالإيمان حارب الملوك لينقذ ابن أخيه لوطا عليه السلام ، وبالإيمان أخذ ابنه ليذبحه ، لكن هذا الإيمان لا يتعارض مع المشاعر الإنسانية الرقيقة التي فجّرت ينابيع دموعه أمام جثمان سارة.

---

(324) سفر التكوين، 6–16:4.
(325) سفر التكوين، 2–23:1.
(326) سفر التكوين، 23:2.
(327) سفر التكوين، 23:19.

إنّ الإيمان لا يجرّدنا من الإحساسات ، بل يُقدّسها ويُنمّيها في الربّ. هذا ما نراه في أبينا إبراهيم عليه السلام رجل الإيمان. لم يفكر إبراهيم عليه السلام في دفن زوجته بجوار أسلافه ، فإن كان بالإيمان قد خرج مع سارة من أور الكلدانيين ، بقي سالكًا بالإيمان حتى النفس الأخير ، فلم يدفن زوجته هناك، بل اقتنى مغارة في كنعان لتدفن.

«وَقَامَ إِبْرَاهِيمُ مِنْ أَمَامِ مَيِّتِهِ وَكَلَّمَ بَنِي حِثَّ قَائِلًا أَنَا غَرِيبٌ وَنَزِيلٌ عِنْدَكُمْ. أَعْطُونِي مُلْكَ قَبْرٍ مَعَكُمْ لأَدْفِنَ مَيْتِي مِنْ أَمَامِي فَأَجَابَ بَنُو حِثَّ إِبْرَاهِيمَ قَائِلِينَ لَهُ اِسْمَعْنَا يَا سَيِّدِي. أَنْتَ رَئِيسٌ مِنَ اللهِ بَيْنَنَا. فِي أَفْضَلِ قُبُورِنَا ادْفِنْ مَيْتَكَ ، لاَ يَمْنَعُ أَحَدٌ مِنَّا قَبْرَهُ عَنْكَ حَتَّى لاَ تَدْفِنَ مَيْتَكَ».[328]

سكان (حبرون) حسبوه رئيسًا عليهم من قبل الرب لا بإقامته ملكًا أو تسلّمه مركزًا قياديًا متميزاً، وإنما خلال إدراكهم بالخضوع له من أجل ما تمتع به من شركة مع الله تعالى. تأثر بنو حث جدًا بالشيخ الذي فقد زوجته ، فأعلنوا حبهم له وتكريمهم إياه ، واشتياقهم أن يقدّموا له أفضل مدفن لهم ليكون بين يديه ، أما هو فلم يستغل هذا الحبّ ، بل في نقاوة قلب سألهم أن يقبل صاحب المغارة الثمن. ولو أن الله تعالى وعده أن يعطيه أرض كنعان كلها ، الاّ ان تنفيذ ذلك الوعد لم يتم بعد ، وأنّ ذريته هم الوارثون ، فأخفاها إبراهيم عليه السلام في نفسه.

رفض إبراهيم عليه السلام استلام المقبرة كهبة مجانيّة من يدي إنسان ، بل اشتراها بأربعمائة شاقل فضة ، مقبرة من (عفرون بن صوحر الحثي) **«وَكَلَّمَهُمْ قَائِلًا إِنْ كَانَ فِي نُفُوسِكُمْ أَنْ أَدْفِنَ مَيْتِي مِنْ أَمَامِي ، فَاسْمَعُونِي وَالْتَمِسُوا لِي مِنْ عِفْرُونَ بْنِ صُوحَرَ أَنْ يُعْطِيَنِي مَغَارَةَ الْمَكْفِيلَةِ الَّتِي لَهُ ، الَّتِي فِي طَرَفِ حَقْلِهِ. بِثَمَنٍ كَامِلٍ يُعْطِينِي إِيَّاهَا فِي وَسَطِكُمْ مُلْكَ قَبْرٍ وَكَانَ عِفْرُونُ جَالِسًا بَيْنَ بَنِي حِثَّ ، فَأَجَابَ عِفْرُونُ الْحِثِّيُّ إِبْرَاهِيمَ فِي مَسَامِعِ بَنِي حِثَّ ، لَدَى جَمِيعِ الدَّاخِلِينَ بَابَ مَدِينَتِهِ قَائِلًا لاَ يَا سَيِّدِي ، اسْمَعْنِي. اَلْحَقْلُ وَهَبْتُكَ إِيَّاهُ ، وَالْمَغَارَةُ الَّتِي فِيهِ لَكَ وَهَبْتُهَا. لَدَى عُيُونِ بَنِي شَعْبِي وَهَبْتُكَ إِيَّاهَا. ادْفِنْ مَيْتَكَ فَسَجَدَ إِبْرَاهِيمُ أَمَامَ شَعْبِ الأَرْضِ ، وَكَلَمَ عِفْرُونَ**

(328) سفر التكوين، 23:3-6.

فِي مَسَامِعِ شَعْبِ الأَرْضِ قَائِلًا بَلْ إِنْ كُنْتَ أَنْتَ إِيَّاهُ فَلَيْتَكَ تَسْمَعُنِي. أُعْطِيكَ ثَمَنَ الْحَقْلِ. خُذْ مِنِّي فَأَدْفِنَ مَيْتِي هُنَاكَ فَأَجَابَ عِفْرُونُ إِبْرَاهِيمَ قَائِلًا لَهُ يَا سَيِّدِي ، اسْمَعْنِي. أَرْضٌ بِأَرْبَعِ مِئَةِ شَاقِلِ فِضَّةٍ ، مَا هِيَ بَيْنِي وَبَيْنَكَ؟ فَادْفِنْ مَيْتَكَ فَسَمِعَ إِبْرَاهِيمُ لِعِفْرُونَ ، وَوَزَنَ إِبْرَاهِيمُ لِعِفْرُونَ الْفِضَّةَ الَّتِي ذَكَرَهَا فِي مَسَامِعِ بَنِي حِثَّ. أَرْبَعَ مِئَةِ شَاقِلِ فِضَّةٍ جَائِزَةٍ عِنْدَ التُّجَّارِ فَوَجَبَ حَقْلُ عِفْرُونَ الَّذِي فِي الْمَكْفِيلَةِ الَّتِي أَمَامَ مَمْرَا ، الْحَقْلُ وَالْمَغَارَةُ الَّتِي فِيهِ ، وَجَمِيعُ الشَّجَرِ الَّذِي فِي الْحَقْلِ الَّذِي فِي جَمِيعِ حُدُودِهِ حَوَالَيْهِ ، لإِبْرَاهِيمَ مُلْكًا لَدَى عُيُونِ بَنِي حِثَّ ، بَيْنَ جَمِيعِ الدَّاخِلِينَ بَابَ مَدِينَتِهِ وَبَعْدَ ذلِكَ دَفَنَ إِبْرَاهِيمُ سَارَةَ امْرَأَتَهُ فِي مَغَارَةِ حَقْلِ الْمَكْفِيلَةِ أَمَامَ مَمْرَا ، الَّتِي هِيَ حَبْرُونُ ، فِي أَرْضِ كَنْعَانَ ، فَوَجَبَ الْحَقْلُ وَالْمَغَارَةُ الَّتِي فِيهِ لإِبْرَاهِيمَ مُلْكَ قَبْرٍ مِنْ عِنْدِ بَنِي حِثَّ».[329]

(مغارة المكفيلة) اليوم محاطة بسور صخري عالي وضخم من جميع جهاتها. وقد شُيدت قاعة استقبال فوق المغارة بارتفاع حوالي سبعة عشر قدم ، وفي هذه القاعة تعلو أضرحة إبراهيم وسارة ، وإسحاق ورفقة ، ويعقوب وليئة ، عليهم السلام. تقع مغارة المكفيلة في مدينة الخليل (حبرون) وقد سكن في المدينة إبراهيم وسارة عليهما السلام لسنين عديدة واكتسبت المدينة شهرتها بسببهما.

يسمي اليهود مكان دفن سارة مغارة المكفيلة، وقد شيّد عليه الحرم الابراهيميّ الشريف، وهو رابع الاماكن المقدسة عند المسلمين بعد بيت الله الحرام في مكة والمسجد النبوي والمسجد الاقصى وثاني الاماكن المقدسة عند اليهود بعد "جبل الهيكل" (نسبة الى هيكل سليمان، وتطلق على ساحات المسجد الاقصى).

لماذا أراد إبراهيم عليه السلام ان يدفن زوجته في غار مكفيلة بالذات ؟ ما هي خصوصية غار مكفيلة ؟

يذكر كتّاب (المدرش)[330] أسراراً مدهشة للغار ، ملخّص بعضها أنّ إبراهيم عليه السلام عثر على الغار بالصدفة ، وحدث ذلك عندما استقبل ضيوفه

(329) سفر التكوين، 20–23:8.
(330) مدرش 1، ص 161.

(الملائكة) الثلاثة الذين بشّروه بولادة اسحاق عليه السلام . قام إبراهيم عليه السلام ومسك بعجل ليذبحه للضيوف ، إلّا ان العجل هرب منه ، فركض وراءه إبراهيم عليه السلام وطارده إلى ان دخل العجل في غار مكفيلة.

وحين دخل إبراهيم عليه السلام الغار ، رأى آدم عليه السلام في ثيابٍ بيضٍ، وقد رفع من بين الأموات ، وشمّ رائحةً طيبةً جداً ، ولاحظ شعاعَ نورٍ من الغار ، وسمع أصواتاً ملائكية. في تلك اللحظة قرر إبراهيم عليه السلام ان يُدفن في ذلك الغار عند موته. وفي يوم وفاة امرأته ، اشترى إبراهيم عليه السلام الغار من أصحابه. ويعتقد اليهود أنّ الغار يقع جوار مدخل جنة عدن!!! وتخليداً للنور الذي رآه إبراهيم عليه السلام ، عُلّق في سقف الغار أربع شمعات ، تنير الغار باستمرار ، تسحب الشمعات خارجاً من مدخلٍ في سقف الغار وتُعبأ بزيت الزيتون الخالص ، يومياً الى يومنا هذا.

وعاد إبراهيم عليه السلام بعد وفاة سارة عليها السلام فأخذ زوجة اسمها قطورة ، فولدت له زمران ، ويقشان ، ومدان ، ومديان ، ويشباق ، وشوحا ، أبناءً صاروا رؤساء أمم ، لكنهم لم ينالوا ما ناله إسحاق عليه السلام فقد أعطى إبراهيم عليه السلام اسحاق كلّ ما كان له، وأما أبناؤه من قطورة فأعطاهم إبراهيم عليه السلام عطايا وصرفهم وهو مازال حياً «**وَعَادَ إِبْرَاهِيمُ فَأَخَذَ زَوْجَةً اسْمُهَا قَطُورَةُ ، فَوَلَدَتْ لَهُ: زِمْرَانَ وَيَقْشَانَ وَمَدَانَ وَمِدْيَانَ وَيِشْبَاقَ وَشُوحًا**».[331] «**وَأَعْطَى إِبْرَاهِيمُ إِسْحَاقَ كُلَّ مَا كَانَ لَهُ وَأَمَّا بَنُو السَّرَارِيِّ اللَّوَاتِي كَانَتْ لإِبْرَاهِيمَ فَأَعْطَاهُمْ إِبْرَاهِيمُ عَطَايَا ، وَصَرَفَهُمْ عَنْ إِسْحَاقَ ابْنِهِ شَرْقًا إِلَى أَرْضِ الْمَشْرِقِ ، وَهُوَ بَعْدُ حَيٌّ**».[332]

أعطى إبراهيم عليه السلام لإسحاق إيمانه الحيّ ، وسلّمه المواعيد وبعث فيه روح الرجاء بالخلاص الإلهي. مات إبراهيم عليه السلام لكنه لم يخسر ما قد جمعه في الربّ إذ أودعه في قلب ابنه إسحاق عليه السلام ليحمل ذات فكره ويكون له ذات الإيمان العملي في الربّ. فإن مات إبراهيم عليه السلام بالجسد لكنه يتهلل من أجل ما ناله ابنه.

يذكر (المدرش)[333] انّ قطورة هي في الواقع هاجر، وقد اختار الله تعالى هذا الاسم تكريماً لها لأنها عزلت نفسها عن الرجال طيلة سنين الفرقة

---

(331) سفر التكوين، 25:1-2.
(332) سفر التكوين، 25:5-6.
(333) مدرش 1، 229.

عن إبراهيم ﷺ ولأنّ جهادها وكفاحها في حياتها كان حلواً كرائحة العطر الزكية "قطور".

لماذا أقدم إبراهيم ﷺ على الزواج في شيخوخته، وربما كان عمره يناهز مائة وأربعين سنة؟ يجيب (المدرش) أن الله تعالى أمر إبراهيم ﷺ أن يتزوج هاجر مجدداً لأنها ذات أخلاق نبيلة ورفيعة تستاهل بسببها الرجوع اليها، فتزوجها إبراهيم مجدداً وأنجبت له أولاداً ستة، كما ذكرنا أسمائهم سابقاً.

وفاة إبراهيم عليه السلام

عاش إبراهيم عليه السلام - بحسب المرويات التوراتيّة - مائةً وخمساً وسبعين سنة ، ومات بشيبة صالحة شيخاً وشبعان أياماً ، وانضمّ إلى قومه «**وَهذِهِ أَيَّامُ سِنِي حَيَاةِ إِبْرَاهِيمَ الَّتِي عَاشَهَا: مِئَةٌ وَخَمْسٌ وَسَبْعُونَ سَنَةً وَأَسْلَمَ إِبْرَاهِيمُ رُوحَهُ وَمَاتَ بِشَيْبَةٍ صَالِحَةٍ ، شَيْخًا وَشَبْعَانَ أَيَّامًا ، وَانْضَمَّ إِلى قَوْمِهِ**».[334] «**وَدَفَنَهُ إِسْحَاقُ وَإِسْمَاعِيلُ ابْنَاهُ فِي مَغَارَةِ الْمَكْفِيلَةِ**»[335] ودفن في (مغارة المكفيلة)، هناك حيثُ دفن امرأته سارة «**هُنَاكَ دُفِنَ إِبْرَاهِيمُ وَسَارَةُ امْرَأَتُهُ**».[336] بارك الله اسحاق الذي سار على نهج أبيه وواصل مسيرته الإيمانية «**وَكَانَ بَعْدَ مَوْتِ إِبْرَاهِيمَ أَنَّ اللهَ بَارَكَ إِسْحَاقَ ابْنَهُ**».[337]

إن كان إبراهيم عليه السلام قد مات لكنه حيّ عند الله تعالى. يذكر السيد المسيح عليه السلام كيف كلّم الله موسى عليه السلام في أمر العُلّيْقَة ، قائلًا: إنّ الجميع عند الله أحياء «**وَأَمَّا مِنْ جِهَةِ الأَمْوَاتِ إِنَّهُمْ يَقُومُونَ: أَفَمَا قَرَأْتُمْ فِي كِتَابِ مُوسَى ، فِي أَمْرِ الْعُلَّيْقَةِ ، كَيْفَ كَلَّمَهُ اللهُ قَائِلًا: أَنَا إِلهُ إِبْرَاهِيمَ وَإِلهُ إِسْحَاقَ وَإِلهُ يَعْقُوبَ ؟**»،[338] «**لَيْسَ هُوَ إِلهَ أَمْوَاتٍ بَلْ إِلهُ أَحْيَاءٍ لأَنَّ الْجَمِيعَ عِنْدَهُ أَحْيَاءٌ**».[339]

---

(334) سفر التكوين، 25:7–8.
(335) سفر التكوين، 25:9.
(336) سفر التكوين، 25:10.
(337) سفر التكوين، 25:11.
(338) إنجيل مرقس، 12:26.
(339) إنجيل لوقا، 20:38.

ما هو سر نجاح إبراهيم وخلود ذكره ؟

لقد أكثرتُ من التساؤلات في طروحاتي عن إبراهيم الخليل عليه السلام في هذا الكُتيب ، وتعجّبت في كلّ خطوة كيف أنّه وصل إلى هذا المستوى من الإيمان ، والتوحيد ، والثقة بالله تعالى من حين طفولته، والتسليم لأمره. كيف بإمكاني ان أصل إلى ما وصل اليه إبراهيم عليه السلام ؟ كيف فكّر إبراهيم عليه السلام في طفولته في نبذ عبادة الاوثان ؟ وكيف استدلّ واستيقن على وجود الله تعالى ؟ وما الذي دفعه إلى ذلك التفكير المذهل وهو طفل ؟ وكيف تجرّأ على تحطيم الاصنام وواجه قومه وملكهم نمرود الطاغية ؟ وكيف استجاب لأوامر الله دون أي تردّد في إبعاد زوجته وابنها؟ أو في ذبح ابنه ؟

لقد تدبّرت الآيات القرآنية التي ورد فيها ذكر هذا الأب العظيم ، وفهمت أنّه كان نبياً ، وأنّ الله أوحى اليه ، وهداه، وأراه ملكوت السموات والارض ، وأنه أصبح من الموقنين، لكن هل حدث كل هذا في طفولته ؟ اذن ماذا كان سرّ إيمانه في طفولته وشبابه ؟ يفكّر ويستدل على وحدانية الله في أوائل عمره؟! ما شاء الله.

على أية حال ، فإنّ مواهبه التي تميزت باستدلالاته المنطقية، ومؤهلاته الذهنية الناضجة، وبصيرته الثاقبة ، ومنطقه المُفحم في النقاش، وسرعة بديهيته لم تبيّن كيف توصّل الخليل إلى مستواه الإيماني التوحيدي في طفولته ؟ وهناك ملاحظات عديدة أخرى لابدّ من طرح، بعضها على الاقل. إنّ الكتب الإلهية لم تذكر شيئاً عن ولادته أو وفاته أو طفولته أو نشأته، لا أحد يعرف بالتأكيد ملامح وجهه أو جسمه أو طول قامته أو لون شعره أو لون عينيه. لم تذكر الكتب الإلهية نشاطات هذا البطل بعد هجرته من أور ولم تذكر أنّه أحدث انقلاباً في الفكر العقائدي الديني على مستوى سكان شبه الجزيرة

العربية، وأنّه قد تأثر بأخلاقه ومعتقداته حتى الوثنيون، ولم تذكر كيف أنّه نشر دينه الحنيف في أرض كنعان؟ هل أسس مدرسة؟ هل بنى مركزاً للتثقيف والعبادة؟ ولم تذكر الكتب الالهية أنه قاد جيشاً، أو خاض حرباً، أو حقق فتحاً، أو ألقى خطاباً، أو أدلى تصريحاً، وما عدا اجتيازه الاختبارات الالهية لم تذكر الكتب الالهية شيئاً عن حياته وأسباب نجاحه ونشاطه في أرض كنعان. نعم، كررت الكتب الالهية وأكدت مراراً صفاته الحميدة كالكرم والشجاعة والفطنة، لكن هذا لا يجيب عن كل شيء.

وأخيراً، وأنا أقرأ تفسير آخر آية قرآنية من مصادر البحث في هذا الموضوع ، والله شاهد على ما أقول ، كشف لي يوسف الصديق عليه السلام سرّ إيمانه في طفولته وشبابه ، وفتح اللغز ، وأجاب بكلمة واحدة عن كلّ الاسئلة المحيّرة التي أثَرتُها في هذه الأوراق ، وذلك في حديثه مع الفتيان في السجن قائلاً: ﴿ **وَاتَّبَعتُ مِلَّةَ آبَآئِي إبرَاهِيمَ وَإِسحَقَ وَيَعقُوبَ مَا كَانَ لَنَا أَن نُّشرِكَ بِاللهِ مِن شَيءٍ ذَلِكَ مِن فَضلِ اللهِ عَلَينَا وَعَلَى النَّاسِ وَلَكِنَّ أَكثَرَ النَّاسِ لاَ يَشكُرُونَ** ﴾.(340)

لقد شدّتني كلمات الآية (ما كان لنا أن نُشرك بالله) يقول يوسف عليه السلام : إنه لم يكن بإمكانهم أن يُشركوا بالله! لماذا ؟ ما الذي منعكم؟ يجيب يوسف عليه السلام (ذلك فضل الله علينا)، ما هو فضل الله عليكم ؟ كيف فضّل عليكم وصانكم من الشرك به ونجاكم من محيطكم الوثني؟ هل يوجد جبر في المسألة ؟ كلا!

ولكي لا أطيل عليكم الحديث ، اكتشفت الجواب: أنّهم معصومون. المعصوم قادر على المعصية لكنه غير مريد لها مطلقاً. أنّهم يمتلكون القدرة والاختيار الكاملين في هذا الأمر، وأنَّ معصوميتهم لا تعني سلب القدرة والاختيار منهم، إلاّ أنّ علمهم الغزير وارتباطهم المباشر والمستمر مع الباريء عزّوجلّ يمنعهم حتى من التفكير ولو للحظة واحدة بالشرك.

بصراحة لم يخطر على بالي في البداية عامل العصمة عند الشباب أو الاطفال. فراجعت بحث العصمة وقرأت أنّ بعض المسلمين يعتقد بالعصمة

---

(340) يوسف، 38.

من حين الولادة ، وأنّ بعضهم يعتقد أنّها تبدأ من حين البلوغ ، وبعضهم من حين النبوة.

استنتجتُ ، والله العالم ، أنّ إبراهيم عليه السلام كان معصوماً منذ الولادة أو على الأقل من حين طفولته، وأنّ هذا اللطف الإلهي هو الذي صانه من كل ذنب و ضلالة، وأيقظ إدراكه الفطري بوحدانية الله منذ طفولته، وحفظه من التلوث بمحيطه الوثني، ومنحه العون والشجاعة على مواجهة قومه وملكهم، كما تفسّر عدمَ تردّده في الهجرة والخروج من بلده ، وترك أهله وعشيرته ، أو الخوف من رميه في النار ، أو التردد في ذبح إبنه. أن المعصوم ليس بمقدوره أن يعصي أمر الله في شيء. ويجب أن لا نقع في الوهم هنا، فإنّ هذه العصمة ليست شيئاً مفروضاً، ولا تحمل طابع القسر والإجبار، أي إنّ المعصوم يمارس عمله بكامل اختياره وحسب ما تملي عليه فطنته. إن موهبة العصمة هي لطف يمنحه الله لمن يشاء.

يرى المعصوم الفعل وأثره السلبي وعقابه الالهي في آن واحد فيتجنبه. يملك المعصوم العلم اليقيني بحقيقة الأعمال، مثلاً الكذب أو السرقة أو الزنا وأمثالها، وفي نفس الوقت يرى آثارها وتبعاتها السلبية، وعقابها الإلهي فيتجنبها. أقرب مثال عملي لتوضيح الفكرة إذا قرأ انسان تحذيراً على وعاء "سم قاتل"، حالاً، يربط الانسان العاقل الأثر السلبي لاستهلاك محتويات ذلك الوعاء، فيتجنبه.

تأثرت كثيراً جداً بشخصية هذا الموحّد ، الشجاع ، وعندما كنت أراجع المصادر للكتابة عن إبراهيم عليه السلام كنت متلهفاً جداً لاكتشاف سرّ تقواه فرحتُ أقتفيه خطوةً خطوة ، ولكن وبكل صراحة ، أصبت بصدمة مؤقتة عندما عرفت موهبته ، لأنّي أيقنت أنّي لا أستطيع أن أصل الى مستوى إيمانه وتقواه. نعم ، سأستمر على الاستغفار والتوبة النصوح ، وأواصل سيري على سلّم التكامل الانساني بإذن الله تعالى ، أمّا العصمة فهي لطف إلهي أو إفاضة إلهية، يمنحها الله تعالى لمن يشاء من عباده.

ثم استدركت وفكرت ان ابراهيم ومما لا شك فيه شعر ورأى الآثار السلبية في ذبح ابنه أو طرد زوجته وابنه فكيف قدم على هذه الافعال؟ اذن العصمة لا يمكن لوحدها ان تفسّر لنا كل جوانب الإقدام والشجاعة

والاذعان لأوامر الله التي قَدِم عليها هذا الأب العظيم، ثم أنه كيف يمكن ان يكون إبراهيم عليه السلام أسوة وقدوة لنا ونحن غير معصومين؟ فشخّصت صفةً اخرى في شخصية هذا الأب الحنون المعطاء في هذا الخصوص، إنها صفة يُمكن لنا اكتسابها، وبإمكاننا ان نروّض أنفسنا عليها، ونقتدي بإبراهيم عليه السلام بواسطتها، وقد فصّلتها لوحدها تحت دروس وعِبَر لأهميتها.

دروس وعِبَر من قصة إبراهيم عليه السلام :

تُلهمنا قصة إبراهيم عليه السلام دروساً وعِبَراً كثيرةً في التوكل الصادق على الله والاستمداد منه ، وفي الصبر ، والعبودية لله ، والطاعة والجهاد في سبيله ، والوَلهِ والحُبّ لذاته المقدسة، والاخلاص في الدعاء له وحده، وبر الوالدين، وإكرام الضيف وغيرها. ولو أنّ جميع رسل الله وأنبياءه اشتركوا بالدعوة لهذه الوصايا، الا أنّ إبراهيم الخليل عليه السلام هو أول من انفرد في الدعوة بوصية "التسليم لله".

إنّ الله تعالى منَّ على إبراهيم عليه السلام بنعمة العصمة التي تمنعه من معصية أمر الله، الا أنّ إبراهيم عليه السلام وبالرغم من عصمته كرّر دعاءه للربّ أن يَمُنَّ عليه وعلى ذرّيته بنعمة التسليم لوجهه الكريم ﴿ **رَبَّنَا وَاجعَلنَا مُسلِمَينِ لَكَ وَمِن ذُرِّيَّتِنَا أُمَّةً مُّسلِمَةً لَّكَ** ﴾،[341] وأكّد إبراهيم لأبنائه عليهم جميعاً السلام أنَّ رمز نجاحهم وسعادتهم في هذه الدنيا وفي الآخرة يتلخّص في جملة واحدة ، هي التسليم المحض لربّ العالمين. وقد تطرقت الى هذا سابقاً.

(التسليم)، كما جاء في "جامع السعادت"[342] للنراقي، يعني التفويض، وهو قريب من الرضا، بل هو فوق الرضا، فالطبع ملحوظ ومنظور له في مرتبة الرضا، أما في مرحلة التسليم فيصير الطبع وموافقته ومخالفته كلها مفوضة الى الله.

ان التسليم لله، بإختصار، يعني الاستسلام لله بالتوحيد، والانقياد له بالطاعة في جميع الأحوال، والقبول لما يرد على العبد من الله سبحانه من

---

(341) البقرة، 128.
(342) النراقي، محمد مهدي، جامع السعادات، ج 3، ص 604.

أمرٍ أو نهيٍ. بكلمات أخرى: الاستسلام لله يعني التبعية المطلقة لله، والاذعان الكامل لإرادته ، والاستعداد لتنفيذ أوامره في كلّ الأحوال.

ما هو فرق العصمة عن الاستسلام لله؟ العصمة تمنع المعصوم من القيام بفعل له أثر سلبي، لكن إن كان ذلك الامر صادراً من الله تعالى، فالذي أذعن نفسه لله تعالى واستسلم له لا يرفض القيام بذلك الفعل مهما بدى من أثره السلبي، وقد توضّح ذلك عندما أقدم إبراهيم عليه السلام على ذبح ابنه، بأمر من الله. فالذي يسلّم أمره الى الله هو الانسان الذي يملك الثقة المطلقة بالله تعالى، ولا يتردد في الاتيان بأي فعل يأمره الله به، لأنه حصل على علم اليقين ان ذلك الفعل يعكس حكمة الله ورحمته وحسن عاقبته لفاعله.

لقد جعل الله تعالى اختبارات إبراهيم عليه السلام نماذج للتسليم، فتنوعت الاختبارات من الهجرة وترك الوطن الى مجابهة المجاعة والقحط الى ذبح الابن، وقد اجتازها إبراهيم عليه السلام جميعاً بتفوق، فقال عزّ من قائل بحقها: ﴿ **أُوْلَـئِكَ الَّذِينَ هَدَى اللّهُ فَبِهُدَاهُمُ اقْتَدِهْ** ﴾،[343] وقال أيضاً: ﴿ **قَدْ كَانَتْ لَكُمْ أُسْوَةٌ حَسَنَةٌ فِي إِبْرَاهِيمَ** ﴾.[344]

ليتنا نؤمن أن كل ما نمرّ به في حياتنا من ضرٍ أو خيرٍ يسير بتدبير الله جلّ جلاله ﴿ **وَإِن يَمْسَسْكَ اللّهُ بِضُرٍّ فَلاَ كَاشِفَ لَهُ إِلاَّ هُوَ وَإِن يُرِدْكَ بِخَيْرٍ فَلاَ رَآدَّ لِفَضْلِهِ** ﴾،[345] وأنّ الاختبار الالهي قد يكون فردياً مثل مشكلة عائلية، أو مخالفة قانونية، أو مرض، أو مشكلة وظيفية، أو خوف، وأمثالها، وقد يكون الاختبار الالهي جماعياً كالزلازل، والسيول والفيضانات، والاعاصير المدمرة، والاوبئة الفتاكة، والحرائق الواسعة، والموت الجماعي وأمثالها، وأنّ الغاية من الاختبارات تكمن في واحدة من ثلاث: أما (اختبار)، أو (تنبيه)، أو (عقاب). خصّ الله المؤمن بالاختبار، وخصّ الكافر بالعقاب، و أما التنبيه فللجميع فرداً أو جماعةً.

يكشف لنا الاختبار الطاقات والمواهب الشخصية الخفيّة والتي لا يمكن معرفتها والكشف عنها الا بإخضاعها للاختبار، يكشف لنا مدى رسوخ

---

(343) الانعام، 90.
(344) الممتحنة، 4.
(345) يونس، 107.

إيماننا، وكيف سنتصرف حينما تواجهنا المصائب؟ هل سنترك الصلاة وما هي نوعية علاقتنا بالله؟

بيّنت لنا الاختبارات الالهية لإبراهيم عليه السلام شيئين فارقين : أولهما: مدى إيمان إبراهيم عليه السلام بالله وحبّه له وثقته به ، وثانيهما: كيف جازاه الله في الدنيا والاخرة كنموذج وأسوة حسنة لنا جميعا.

فيما يخصّ التنبيه، فقد يكون الهدف من الاختبار الالهي التحذير واليقظة من الغرور والغفلة لينبهنا الله فنرجع الى الطريق الذي يرضيه عنا، فيكون للاختبار صفة تربوية وانعكاس لحب الله للإنسان. وفي التنبيه الجماعي يكون الجميع سواسية، المؤمن والكافر والمشرك والملحد واليهودي والمسيحي والمسلم، والرئيس والمرؤوس والقوي والضعيف أين ما كانوا في أرجاء المعمورة، بلا اعتبار للحدود ولا الجنس ولا اللون ولا الرس ولا أي امتياز آخر، مثال ذلك الإصابة بفايرس كورونا التي واجهت المجتمع الانساني لأكثر من سنة، في عام 2020-2021 ميلادي. فقد منحنا الفايرس فرصة لفحص النفس وكشف عيوبها والاستغفار والتوبة النصوح والتضرع الفردي والجماعي الى الله.

أما العقاب الدنيوي فقد خصّه الله للكفار الذين رأوا الانذارات مراراً إلا أنهم لم يعبأوا بها ولم يستيقظوا من غفلتهم وغرورهم ولا تجد في قاموس مفرداتهم الاستغفار والتوبة، حينئذٍ، يصبح اختبارهم عبرة للآخرين مثل هلاك أقوام عاد وثمود ولوط ونوح وفرعون وغيرهم.

اذا واجهتك ضائقة، التجأ الى الله أولاً واسرع الى الاستغفار والتوبة والتوجه اليه بالدعاء والصبر والصلاة والصدقة والصوم وأمثالها من أنواع العبادة، فما تدري لعل الله يحدث بعد ذلك أمراً، وتغيّر بدعائك مجرى الحكم الالهي قبل تنفيذه، لأنك ربما نفيت باستغفارك أسباب العقاب، وقد أكد سبحانه وتعالى في آيات عديدة أنه غفور رحيم لمن استغفر وتاب وعمل صالحاً. ثم الجأ الى الاسباب ثانياً وإعمل ما في وسعك لتلافي الضرر من المصيبة، ولا تنس ان الله هو مسبب الاسباب، يفعل ما يريد، وقد يغيّر سبحانه مجرى حياتك بعد تلك المصيبة، استسلم واشكر الله على المحن.

بينّت لنا اختبارات إبراهيم عليه السلام أيضاً ان لا نتذمر ولا نجزع من الاختبارات، كما كان ذلك واضحاً في الهجرة وترك البلد والاهل، أو مجابهة الجوع والقحط في البلد الذي دعاه الله ان يرحل اليه، أو في ذبح ابنه، أو عندما فقد شريكة حياته سارة عليها السلام. علينا ان نعتبر هذه الاختبارات فرصاً للعبادة والتقرب الى الله وقد بيّن الله تعالى لنا طبيعة الانسان الماكرة التي لا تشكر ولا تعبد الا في حالات الضيق والعسر. لا تيأس ولا تقنط من رحمة الله عندما يطول الاختبار، فقد بيّنت قصة حياة إبراهيم الخليل عليه السلام أنه لم يقنط من ان يرزقه الله بطفل حتى بلغ المائة من عمره، وانه لم يقنط من رحمة الله حتى لحظة وضع السكين على رقبة ابنه ليذبحه.

أسأل الله العظيم أن يمّن على جميع المؤمنين وعلينا بنعمة التسليم له ويدخلنا في عباده الصالحين، إنّه ذو فضل عظيم. وآخر دعوانا ان الحمد لله رب العالمين، وأسألكم الدعاء.

المصادر والمراجع:

1– القرآن الكريم

2– الشيرازي ، ناصر مكارم: تفسير الأمثل في كتاب الله المنزل ، موقع هدى القرآن الالكتروني ، الانترنيت ، 2007.

3– الطباطبائي ، محمد حسين: الميزان في تفسير القرآن ، برنامج نور الانوار ، الانترنيت ، 2000.

4– الكتاب المقدس ، دار الكتاب المقدس في الشرق الاوسط ، الطبعة الثالثة ، القاهرة ، مصر ، 2005.

5– السيد نعمة الله الجزائري: النور المبين في قصص الانبياء والمرسلين ، الطبعة الخامسة ، دار المحجة البيضاء ، بيروت ، لبنان ، 2014.

6– موقع الأنبا تكلا القبطي الأرثوذكسي ، الكنيسة القبطية الأرثوذكسية ، مصر ، الانترنيت ، 2019.

7– الصبّاغ، عماد ، الأحناف – دراسة في الفكر الديني التوحيدي في المنطقة العربية قبل الاسلام، دار الحصاد، الانترنيت، 2020.

8– النراقي، محمد مهدي، جامع السعادات ١-٣، دار المتقين، النجف الاشرف، 1368 هجري.

9. The Chumash, Rabbi Nosson Scherman, The Stone Edition, Mesorah Publications, Ltd, Brooklyn, New York, 2009.

OTHER PUBLICATIONS:

GUT FEELINGS (English Edition)
A fascinating true story of a family fighting for the life of their child who lost his guts to ulcerative colitis
amazon.com/dp/1500278963